Tout pour bien manager votre boss

Groupe Eyrolles
61, Bd Saint-Germain
75240 Paris Cedex 05
www.editions-organisation.com
www.editions-eyrolles.com

Toutes les couvertures de cette collection ont été réalisées
avec le concours de CartoonBase (www.cartoonbase.com)

Marie-Luce Dubois
Martine-Éva Launet

Tout pour bien manager
votre boss

EYROLLES

pr o metis

Table des matières

Introduction

Le monde de l'entreprise agit comme un reflet, un microcosme, de notre monde : il regroupe des individualités œuvrant conjointement dans un système nécessairement hiérarchisé. À cet effet, nombre de sociétés ont bien compris l'importance d'une bonne gestion des personnes qui les composent et des liens tissés entre chacune, qui implique obligatoirement une bonne communication. Là reposent les enjeux principaux pour le succès et les performances d'une entreprise.

Or, combien peuvent prétendre évoluer professionnellement dans un climat serein ? À l'inverse, combien se sentent oppressés par une charge importante de travail, par les demandes de leurs collègues, leur hiérarchie ou par leurs responsables eux-mêmes, ou alors estiment que leur travail ou leurs compétences ne sont pas reconnus, voire dans le pire des cas méprisés ? La plupart des études sur le monde du travail pointent le doigt sur la nature des relations entre managers et managés. De fait, c'est bien à ce niveau que tout se joue. Si certains ressentent leur environnement professionnel comme étant pénible, source de tension ou de conflits, il s'agit principalement d'un problème relationnel issu d'un manque de communication, qui se révèle alors unilatérale. L'origine étant souvent une compréhension ou une écoute de l'autre par trop lacunaires, par défaut de temps accordé à ses collaborateurs ou en raison d'un type de personnalité particulier.

En d'autres termes, manager son boss revient surtout à établir, ou améliorer, une réelle communication entre son supérieur hiérarchique et l'équipe dont il est responsable. Ce livre se propose à cet effet de vous livrer les bases essentielles pour mettre sur pied les fondements d'une relation sereine et d'une bonne collaboration. Et de vous permettre d'évoluer dans votre travail en en reprenant les rênes.

Ce livre est construit selon l'articulation logique suivante :

- se situer vis-à-vis de son manager et comprendre ses enjeux ;
- définir les fondamentaux d'une bonne collaboration... et les entretenir ;
- disposer d'une boîte à outils pour développer une intelligence relationnelle avec son manager ;
- gérer les conflits, faire face aux personnalités difficiles ;
- gérer ses émotions et son stress.

Vous pouvez respecter cette logique pendant votre lecture. Toutefois, vous pouvez aussi choisir de naviguer au gré de votre intérêt : chaque chapitre correspond à un élément d'un puzzle que vous assemblez à votre gré.

Chapitre 1

Se situer vis-à-vis de son manager et comprendre ses enjeux

Les rôles et les contraintes du management

LE MANAGEMENT : SENS ET PRATIQUES

Qu'évoque pour vous le mot « manager » » ? Sa racine, « *mana* », peut vous aider. La réponse est manège, manier, main. « Manège » et « manier » partagent la même racine et le même sens, issus du monde hippique : de « *maneggiare* », mot italien qui a donné « manège », et signifie, depuis le XIXᵉ siècle, « entraîner », « dresser », puis « conduire », « gérer », « diriger », « faire tourner ». Le mot « main » est d'origine latine, « *manus* » qui signifie la main, celle qui conduit, donne l'orientation, permet le contact avec les autres. C'est aussi, dès le XIIᵉ siècle, le symbole de la force, de l'autorité (de la justice, du pouvoir royal).

Ces termes illustrent les différents rôles du manager. Il est essentiel de les identifier afin de mieux comprendre les pratiques de ce dernier.

3

Les rôles du manager

Le manager est positionné au cœur de quatre responsabilités majeures, illustrées dans le schéma qui suit *(figure. 1.1)*.

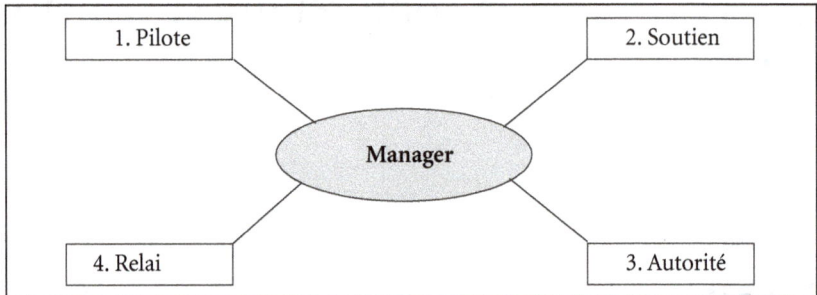

FIGURE 1.1. LES RÔLES DU MANAGER.

Pilote : le manager organise l'activité de l'équipe et définit les rôles et missions de chacun. Il fixe et suit les objectifs des collaborateurs et de l'équipe.

Soutien : il facilite le développement des compétences des collaborateurs, anime l'équipe et favorise la motivation.

Autorité : le manager décide, évalue les performances, arbitre, sanctionne.

Relai : il relaye les orientations stratégiques de l'entreprise et leur donne du sens.

Les devoirs du manager

Ces responsabilités s'accompagnent de devoirs.

Le **devoir de réserve**, tout d'abord, car certaines informations communiquées par la direction ne doivent pas être transmises au collaborateur et parce qu'à l'inverse tout ce qui se dit ou se passe dans l'équipe n'a pas à remonter à la hiérarchie.

Le **devoir de loyauté** envers les décisions de direction constitue également un élément incontournable de la position managériale. Bien sûr, selon un principe de confrontation constructive, chacun peut interpeller son management en cas de désaccord ou d'incompréhension sur des choix effectués. En revanche, une fois les décisions prises, face à l'équipe, la responsabilité de relais de direction nécessite une solidarité absolue. Parfois la tentation d'« ouvrir le parapluie » peut être forte : « S'il n'y avait que moi, jamais nous n'aurions pris cette décision. » Mais au bout du compte, un responsable est évalué sur sa capacité à mettre son équipe en mouvement. Or, si les collaborateurs ne sentent pas d'engagement de la part de leur référent, il y a peu de chance qu'ils s'engagent eux-mêmes.

Le **devoir de solidarité** vis-à-vis de son équipe relève bien sûr des fondamentaux de la position d'encadrement. Défendre les intérêts de son équipe, négocier ce dont elle a besoin pour atteindre ses objectifs, valoriser ses contributions, aider chacun à atteindre ses résultats, mettre soi-même la main à la pâte en cas de difficulté, est le minimum que chaque membre est en droit d'attendre de son manager. Nombreux sont les nouveaux responsables pour qui conjuguer les attentes parfois contradictoires de la direction et de leur équipe relève d'un exercice d'équilibriste périlleux. L'adage « se sentir entre le marteau et l'enclume » prend ici tout son sens.

Les managers ont à exercer ces devoirs dans des situations complexes, imprévisibles. Ils doivent donc développer des aptitudes de flexibilité, d'adaptation en sachant passer rapidement d'un rôle à l'autre selon les nécessités. Aussi, même si des changements de comportements et des prises de position peuvent surprendre en tant que managé, cela signifie, au contraire, que le manager sait être flexible et adopter la bonne posture et le bon comportement en fonction des circonstances, des personnes et du contexte.

Puisque les managers exercent ces rôles en fonction de contraintes, poursuivons par l'inventaire de leurs contraintes.

LES CONTRAINTES DU MANAGEMENT

Aller vite/prendre le temps

Denis doit prendre vingt-trois décisions lundi entre 8 h 30 et 19 h 30. Toutefois, il doit aussi prendre le temps de laisser mûrir certaines d'entre elles : la décision 2 et la décision 6, afin d'examiner si d'autres solutions sont possibles, d'envisager les conséquences cachées de la 8, la 15 et la 21. Enfin, la 12 et la 3 se résoudront plus facilement s'il laisse passer la semaine, en assumant les risques de ce délai.

Imposer/consulter

Alice pense et agit vite quand elle tranche et donne les directives pour traiter tel problème. Cependant, ce serait tellement plus formateur de développer l'autonomie de ses collaborateurs en leur laissant, en fonction des possibilités de chacun, une marge de liberté d'appréciation dans cette décision. Laisser aux membres de son équipe une marge de liberté d'appréciation et d'action s'avère parfois compliqué, cela prend du temps, implique une prise de risque, cela développe néanmoins leur autonomie, enrichit leur expérience.

Préserver une stabilité/initier les changements

José apprécie de s'appuyer sur certaines habitudes prises par l'équipe pour traiter certains dossiers lourds (qui demandent du temps et nécessitent une grande expérience par exemple). Mais, en même temps, il sait qu'il doit veiller à éviter une forme de rigidité résultant de pratiques répétitives, sans innovation. En effet, l'environnement professionnel change, et il doit développer l'employabilité de ses collaborateurs et donc favoriser le changement, la rotation, la polyvalence, et lutter ainsi contre la tendance naturelle au maintien de l'équilibre.

Obtenir des résultats/entretenir un bon climat

Karim entrevoit bien qu'il est plus aisé, à court terme, de faire atteindre les objectifs par l'équipe en étant systématiquement directif avec tous et pour tout. Cependant, qu'en sera-t-il de la motivation de chacun, de l'envie de faire, de progresser à moyen terme des collaborateurs autonomes ?

Objectifs individuels/objectifs collectifs

Jean-Charles fixe des objectifs individuels, déclinaison des objectifs fixés par la direction de l'entreprise (par exemple gagner X nouveaux clients). Cependant, ces objectifs individuels deviennent contradictoires avec ceux que l'équipe doit atteindre : ainsi une prime sera attribuée si l'équipe atteint X % de développement du CA en fidélisant les clients actuels.

Obtenir des résultats rapides/garantir la qualité

David souhaiterait prouver à sa direction que le premier quadrimestre annonce une bonne progression des résultats. Pour cela, il peut être conduit à prendre des décisions qui vont privilégier ces résultats positifs rapides, mais qui risquent d'avoir des effets négatifs sur le long terme (par exemple faire un choix technique à court terme qui apporte des résultats visibles, mais qui entraîne des conséquences négatives à long terme sur le plan de la qualité).

Centraliser/déléguer

Cynthia préfère contrôler systématiquement les circuits de décision et même d'élaboration des décisions pour éviter tout risque. Cependant, elle a conscience que cela ralentit le rythme de traitement des informations et risque de provoquer des effets pervers (dissimulations, baisse de motivation…).

En résumé, voici les contraintes avec lesquelles les managers doivent exercer leurs missions :
Aller vite.. Prendre le temps
Imposer.. Consulter
Préserver une stabilité.............................. Initier les changements
Obtenir des résultats .... Entretenir un bon climat
Objectifs individuels .... Objectifs collectifs
Obtenir des résultats rapides .... Garantir la qualité
Centraliser .... Déléguer

Enfin, une caractéristique majeure de la fonction à laquelle doit se préparer tout nouveau manager est l'appartenance simultanée à deux groupes : celui des collaborateurs (l'équipe) et le groupe de direction. En cela, il peut vivre aussi des contraintes, voire des contradictions, qui pèsent sur l'exercice de sa fonction. En tant que manager de proximité, il n'intervient pas dans les décisions prises au niveau de la direction de l'entreprise et se doit donc de les relayer sans en comprendre toujours le fondement, le sens, ou bien en étant en conflit avec ses propres valeurs (comme une demande de réduction d'effectifs « sec »). Ce peut être aussi un espace de liberté très restreint, dont il dispose pour faire atteindre les objectifs, qui le conduit à surinvestir ses engagements professionnels au détriment de son équilibre de vie et favorise le développement de son stress.

> En tant que managé, n'oubliez pas que votre manager est aussi un être humain, qui exerce une mission au mieux de ses capacités et de ses contraintes et au prix quelquefois de contradictions difficiles à vivre, de stress… quand bien même si c'est un choix de sa part d'exercer cette mission.

Compte tenu des éléments environnementaux décrits précédemment, le rôle du management évolue. Le tableau qui suit présente les points principaux des missions du management.

LES TENDANCES DES ENTREPRISES

L'évolution des références

Les valeurs d'entreprise se modifient et impactent donc les pratiques du manager. Voici quelques exemples qui vous permettront de situer votre environnement professionnel.

LES VALEURS DU MANAGER

Hier	Aujourd'hui
Priorité à la hiérarchie.	Priorité au client/à l'usager.
Obéissance.	Autonomie/responsabilité.
Spécialisation.	« Polycompétence ».
Compétence d'un homme.	Compétence d'une équipe.
Rapports de force.	Partenaire, rapport « gagnant-gagnant ».
Gestionnaire.	Leader.
Chef.	Entraîneur (coach), facilitateur, formateur, expert.
Entreprise : famille/communauté.	Entreprise « apprenante ».
Stabilité.	Changement permanent.

Pour identifier les conséquences de ces évolutions pour votre manager, partons d'un exemple.

> Marie appréciait beaucoup de faire les choses par elle-même, de se confronter aux défis et les relever. C'est cette expertise technique qui l'a conduite à ce poste de manager, et elle ne souhaite pas la perdre. De plus, elle se sent légitime grâce à cette expertise, et c'est ce qui, selon elle, la fait reconnaître dans son entreprise. Aussi, elle aurait pu conserver la réalisation des activités techniques à fort enjeu, sans déléguer partiellement ou totalement à ses collaborateurs.
>
> Or, depuis qu'elle a pris ses responsabilités de manager, elle délègue en précisant le cadre, les conditions et les modalités de suivi de cette délégation. Elle négocie les moyens pour son équipe auprès de sa direction. Plus généralement, elle accompagne chacun pour atteindre ses objectifs. Elle précise les enjeux, le sens chaque fois que cela

s'avère nécessaire, recherche des solutions avec l'équipe. Elle facilite le travail transversal, le développement des échanges utiles d'informations.

Elle a compris que ce n'est plus en tant qu'experte que son entreprise attend qu'elle apporte de la valeur, mais comme manager d'une équipe ayant pour mission d'atteindre des résultats. Son professionnalisme sera reconnu au regard de la réussite de son équipe.

Ses « bonnes pratiques » se retrouvent dans la colonne de droite du tableau suivant.

L'évolution des rôles du manager

LES PRATIQUES DU MANAGER

Actuelles	À promouvoir
Gérer et contrôler.	Animer, stimuler et coordonner.
Montrer l'exemple par la technicité et les compétences.	Accompagner le développement des compétences des collaborateurs.
Assurer la loyauté envers l'entreprise.	Assurer la loyauté envers les clients.
Réaliser.	Décider.
Transmettre les directives.	Faire comprendre des décisions aux collaborateurs.
Agir selon le plan.	Agir selon la vision.
Définir les fonctions.	Confier les missions.
Proposer des formules d'organisation.	Mettre en œuvre des réponses rapides aux sollicitations des clients et de l'environnement.
Avoir des idées.	Faire émerger les idées du groupe.
Demander à ses collaborateurs de prendre le temps de justifier leur activité.	Donner de son temps pour aider les collaborateurs à résoudre les problèmes.

LES PRATIQUES DU MANAGER (SUITE)

Actuelles	À promouvoir
Améliorer les performances par fonction.	Améliorer les performances transversales.
Gérer l'existant.	Améliorer l'existant, innover.
Gérer et animer une collection d'individus.	Gérer et animer une équipe.
Obtenir les résultats.	Faire obtenir les résultats.
Mobiliser sur les moyens, les ressources, les techniques.	Impliquer sur les enjeux.

Styles de management : comment vous situez-vous en tant que managé ?

Vous avez sans doute été parfois surpris par certains comportements de votre responsable, par exemple lorsqu'il tranche de manière directive et exerce un rôle d'autorité ou, au contraire, lorsqu'il accompagne les collaborateurs pour résoudre un problème et est alors dans un rôle de soutien. Identifier les facettes du rôle de manager peut vous éclairer sur ce qui sous-tend ses comportements. Le modèle de l'Intelligence Manageriale® Cegos peut vous aider à situer les pratiques de votre manager et comprendre ses contraintes.

Pour ce manager, assurer durablement les performances économiques et sociales constitue un challenge, car les contextes professionnels sont contradictoires, mouvants, complexes. Il doit faire atteindre des objectifs sur le court terme, préserver un développement durable des compétences collectives sur le moyen et long terme, faire travailler des équipes de cultures différentes…

Aussi, dans chaque situation rencontrée, votre manager mobilise plusieurs types de compétences : du **métier** (connaissance des méthodes et techniques du domaine d'expertise de votre équipe) ; **managériales** (adopter des comportements efficaces et flexibles avec l'équipe, orienter et suivre les actions individuelles et collectives en fonction des objectifs fixés par la direction) ; **situationnelles** (comprendre le système dans lequel il intervient et agir avec une vision globale) ; **relationnelles** (faire preuve d'écoute, d'une bonne gestion des relations) et **émotionnelles** (identifier ses émotions et son stress pour mieux les gérer avec son équipe).

L'intelligence managériale signifie donc pour votre manager la mise en œuvre de ces cinq éléments pour apporter la meilleure réponse dans la conduite de ses missions.

Le manager met donc en action des comportements qui seront efficaces s'ils sont appropriés aux situations rencontrées et à l'autonomie des collaborateurs, en fonction de chaque contexte. C'est pour cela que l'on parle de management contextuel, car, en soi, il n'y a pas une bonne façon de faire, mais la bonne attitude sera celle qui est appropriée à l'autonomie de son équipe dans un contexte spécifique, à un moment précis. Nous vous proposons de découvrir ces styles de management *(figure 1.2)*. Ils constituent une grille de lecture, une aide à l'action (pour votre manager) et (pour vous) à la compréhension des comportements de votre responsable et des objectifs qu'il sert.

Ces styles résultent d'une combinaison entre l'implication personnelle du manager dans les actions quotidiennes, nommée « engagement », et la « coopération », c'est-à-dire la facilitation du fonctionnement du groupe en favorisant le partage dans l'équipe.

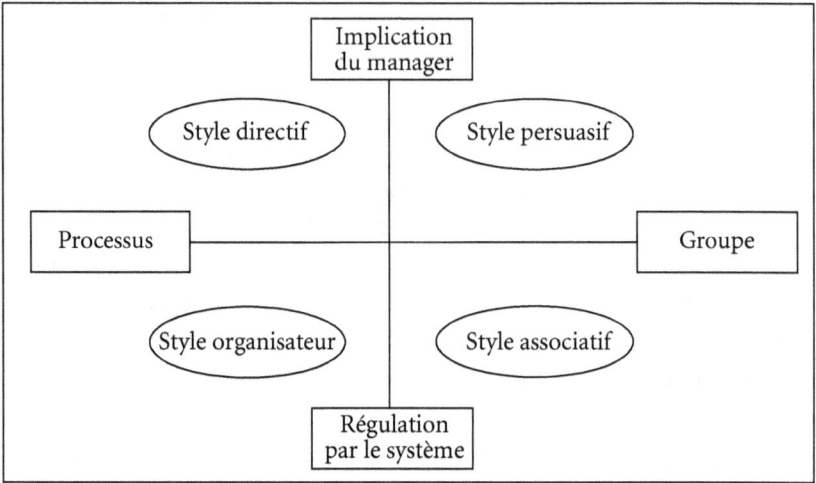

```
                    ┌─────────────┐
                    │ Implication │
                    │ du manager  │
                    └──────┬──────┘
      ( Style directif )        ( Style persuasif )
┌──────────┐                              ┌────────┐
│ Processus ├──────────────┬──────────────┤ Groupe │
└──────────┘                              └────────┘
      ( Style organisateur )   ( Style associatif )
                    ┌──────┴──────┐
                    │ Régulation  │
                    │ par le système │
                    └─────────────┘
```

FIGURE 1.2. LES STYLES DE MANAGEMENT.

STYLE DIRECTIF

Le maître mot de ce style : « sécuriser »

Votre manager montre l'exemple, est présent, donne des consignes claires et précises. Par cela, il apporte de la sécurité.

Cependant, vous pouvez estimer qu'il contrôle beaucoup : il vous envoie beaucoup d'e-mails, il vous demande souvent où vous en êtes. Il suit de très près vos activités, les dossiers que vous traitez. Il est souvent directif, il tranche et vous pouvez le percevoir comme autoritaire. Effectivement, les comportements liés à ce style (comme pour les autres styles) peuvent être excessifs et devenir inefficaces.

Les explications possibles

Il ne vous connaît pas bien ; la relation de confiance n'est peut-être pas assez installée ; il peut avoir vécu une expérience négative et chercher à se protéger en contrôlant ; il est possible qu'il ne soit pas tout à fait à l'aise lui-même dans ses fonctions…

Si vous estimez que ce comportement n'est pas justifié, compte tenu de vos compétences, lui en avez-vous parlé ? Il serait important de le rassurer, de lui proposer de vous laisser agir plus librement et de lui proposer de faire un point au cours de réunions de travail.

Ce style, bien utilisé, a pour vocation d'être une étape dans le management d'un collaborateur. Il permet de vous protéger d'un risque d'échec, de vous éviter du stress. Au final, ce style évoluera vers l'adoption d'un autre style, par exemple quand la tâche sera maîtrisée.

STYLE PERSUASIF

Le maître mot de ce style : « encourager »

Votre manager stimule et encourage l'équipe. Il assure une dynamique permanente de progrès avec tous, expérimente et innove avec l'équipe. Il apprécie que tous s'impliquent, développent leur motivation et innovent.

Cependant, vous considérez que vous passez beaucoup de temps en réunions en revenant sur les mêmes points de manière systématique. Vous êtes en copie de nombreux e-mails pour des sujets qui ne vous concernent qu'indirectement. Votre manager souhaite faire des points très réguliers, trop selon vous. Les objectifs fixés vous semblent irréalistes, ou bien il suit des effets de mode. Il vous explique dans le détail des choses qui sont quelquefois évidentes.

Les explications possibles

Il craint peut-être que les messages importants ne soient pas bien compris par tous. Il souhaite que toute l'équipe progresse en même temps sur les projets et dispose de la même information. Il désire prendre le temps de partager les points d'incompréhension, voire de désaccords avec l'équipe, ce qui est, bien sûr, consommateur de temps et d'énergie.

Si vous estimez que ce comportement n'est pas justifié, car vous avez l'impression, quelquefois ou souvent, de perdre votre temps, demandez-vous s'il n'est pas nécessaire d'en passer par là : en tant que collaborateur, vous n'avez pas toujours la connaissance fine de tous les paramètres impliqués dans une situation. Or, ces moments d'échanges contribuent à mûrir ensemble une stratégie. Si vous êtes en désaccord, ou gêné, n'hésitez pas à faire part de votre point de vue de façon constructive.

Style associatif

Le maître mot de ce style : « collaborer »

Votre manager délègue au groupe le soin de traiter les problèmes. Il sait reconnaître, récompenser, fêter les succès et tire des éléments positifs des erreurs commises.

Cependant, vous constatez qu'il cherche le consensus en toutes circonstances et, de ce fait, ne tranche pas en cas de conflit. Indécis, il a tendance à reporter des décisions sensibles ou à ne pas se positionner clairement : c'est souvent celui qui parle haut et fort qui l'emporte.

Les explications possibles

Il souhaite peut-être privilégier la qualité du climat de l'équipe, une bonne ambiance, parce que c'est important pour lui. Il favorise l'expression des idées, les remontées d'information, les confrontations pour permettre au

16

final un esprit d'équipe plus solide et favoriser l'implication des personnes. Il considère qu'une décision ne peut être bien mise en œuvre que si la majorité des personnes la comprend et y adhère.

Si vous estimez que cette pratique managériale reste dans le flou, dans l'imprécision, nous vous invitons à poser des questions pour clarifier, à vous exprimer dans ces échanges de points de vue. Acceptez aussi de donner du temps à votre manager et à l'équipe pour mûrir une décision. Ces deux éléments, temps et confrontation d'idées, comme un processus en boucle, constituent une clé de succès pour la synergie d'équipe, et donc pour son efficacité.

STYLE ORGANISATEUR

Le maître mot de ce style : « accepter »

Votre manager délègue les responsabilités, permet de développer la prise d'initiatives et, de ce fait, les compétences de tous. Il donne du sens à ce que vous faites, en resituant les missions de chacun dans les enjeux de l'entreprise.

Cependant, vous considérez qu'il a tendance à laisser chacun se débrouiller, sous couvert d'autonomie. Il est peu présent, ne s'implique pas lorsqu'il transmet des consignes ou délègue (par exemple, il ne prévient pas de certains points importants). Il a tendance à communiquer essentiellement par e-mail, à s'isoler de l'équipe et à « ouvrir le parapluie » en cas de problème.

Les explications possibles

Il vous fait confiance et considère que si vous avez besoin d'informations, c'est à vous d'aller vers lui. Il a le souci de vous laisser de l'autonomie et de ne pas s'ingérer dans les délégations qu'il vous confie : il n'interviendra qu'en cas de nécessité et souvent sur votre sollicitation. Il fait le pari de la maturité de ses collaborateurs.

Si vous estimez que cette pratique managériale est source de stress et vous fait prendre des risques, insistez pour le voir, pour faire des points réguliers. Faites-lui part de vos besoins : par exemple, qu'il vous donne un appui auprès d'autres directions pour vous légitimer dans un projet. Prenez l'habitude de faire un point en face à face, même si cela doit vous demander un peu d'énergie pour obtenir cela de votre patron : la communication par e-mail a ses limites.

Test : quel style de manager seriez-vous ?

Voici un autodiagnostic pour étalonner votre capacité à manager les changements dans votre entreprise. Répondez sincèrement en ayant à l'esprit ce que vous feriez ou ce que vous pensez et non ce qui vous paraît être la bonne attitude.

Pour chacune des vingt-cinq affirmations, mettez une croix dans la case :

« Tout à fait moi », si cette attitude, ce comportement ou cette opinion vous correspond tout à fait ;

« En majeure partie », si vous pensez que vous adopteriez souvent cette attitude, ce comportement ou cette opinion ;

« Un peu moi », si ce comportement ou cette opinion vous correspond un peu seulement ;

« Pas du tout moi », si vous ne vous retrouvez pas du tout dans le comportement, l'attitude ou l'opinion présentée.

| a | Tout à fait moi | b | En majeure partie | c | Légère tendance | d | Pas du tout |

Si vous étiez manager	a	b	c	d
1. Vous chercheriez avant tout à obtenir le consensus, quitte à ralentir votre projet.				
2. Vous aimeriez que vos collaborateurs expriment ouvertement leurs désaccords avec vous, cela est stimulant.				
3. Vous préféreriez un face-à-face vigoureux plutôt qu'un accord de façade qui étouffe les désaccords sous-jacents.				
4. Vous laisseriez du temps au temps pour que chacun de vos collaborateurs accepte vos idées.				
5. Vous tiendriez assez peu compte des avis de vos collaborateurs, car ils ne sont pas conscients des dangers économiques qui guettent l'entreprise.				
6. Vous vous serviriez d'alliés pour persuader les collaborateurs réticents.				
7. Pour vous, les techniques de persuasion se résument à de la manipulation.				
8. Vous seriez très attentif à la cohérence de vos arguments et de vos comportements.				
9. Vos collaborateurs devraient comprendre d'eux-mêmes qu'ils doivent évoluer sans que vous ayez besoin de passer du temps à les persuader.				
10. Si tout le monde était d'accord avec vous, cela vous ennuierait, vous avez besoin de confrontation.				
11. Pour être efficace, il vaut mieux mettre les collaborateurs devant le fait accompli.				
12. Pour réussir aujourd'hui, il faut rompre avec les habitudes du passé et s'engager résolument dans l'avenir.				
13. Pour vous, le pouvoir d'un responsable d'entreprise, c'est sa capacité à persuader les autres.				

14.	Vous voudriez à tout prix préserver la bonne entente et la coopération, quitte à surseoir à un projet.				
15.	Si vous sentiez quelques réticences face à vos arguments, vous vous appliqueriez à expliquer que ce sont des contraintes externes qui imposent l'évolution.				
16.	On ne devrait pas perdre son temps à persuader ses collaborateurs. Ils devraient comprendre d'eux-mêmes comment évoluer aujourd'hui.				
17.	Vos collaborateurs les plus proches devraient partager vos convictions.				
18.	Vous n'aimeriez pas vivre des situations ambiguës.				
19.	Le manager est souvent le seul à penser qu'il faut évoluer. Vous devrez faire face en permanence à l'inertie de vos collaborateurs.				
20.	Pour persuader, vous organiseriez des groupes de travail, des commissions, des séminaires afin que vos idées s'instillent dans l'esprit de vos collaborateurs.				
21.	La vérité est probablement le meilleur vecteur de persuasion.				
22.	Mieux vaut un face-à-face vigoureux avec des opposants déclarés plutôt que de miser sur un consensus mou.				
23.	En persuadant vos collaborateurs, vous auriez déjà en tête des idées sur les changements ultérieurs.				
24.	Vous préféreriez cacher ou amenuiser les dangers dans votre entreprise pour ne pas perturber vos collaborateurs.				
25.	De nos jours, le management, au sens large et quotidien du terme, est de fait l'art de la persuasion.				
	Tout à fait moi	En majeure partie	Légère tendance	Pas du tout	

Résultats

Entourez pour chaque affirmation la valeur qui correspond à votre réponse.

Ensuite, totalisez les valeurs encadrées par type de réponse a, b, c, d ; faites-en le total.

Affirmation	Réponse a	Réponse b	Réponse c	Réponse d
1	0	3	6	10
2	10	6	3	0
3	10	6	3	0
4	0	3	6	10
5	10	6	3	0
6	10	6	3	0
7	0	3	6	10
8	10	6	3	0
9	0	3	6	10
10	10	6	3	0
11	10	6	3	0
12	10	6	3	0
13	10	6	3	0
14	0	3	6	10
15	0	3	6	10
16	10	6	3	0
17	10	6	3	0
18	0	3	6	10
19	0	3	6	10

Affirmation	Réponse a	Réponse b	Réponse c	Réponse d
20	10	6	3	0
21	10	6	3	0
22	10	6	3	0
23	10	6	3	0
24	0	3	6	10
25	10	6	3	0
Total	+	+	+	+

Entre 0 et 99 points : le « trop consensuel »

Vous seriez probablement très, voire trop attentif aux inquiétudes de vos collaborateurs face aux évolutions. Vous-même, peut-être, avez-vous le sentiment de subir les évolutions économiques et technologiques, qui perturbent votre besoin de stabilité. Vous aimeriez que vos collaborateurs changent spontanément et vous craignez de les démotiver en prenant des mesures bousculant leurs habitudes.

• Deux conseils d'amélioration

Intégrer l'idée que les collaborateurs ne font pas spontanément ce qu'ils devraient faire, et qu'il convient de les « bousculer » de temps en temps.

Avoir toujours à l'esprit les grandes orientations futures pour votre entreprise et engager ces derniers sur des actions de progrès, à la fois significatives et modestes. Et fêter avec eux les réussites !

Entre 100 et 199 points : le « centriste »

Tout en restant à l'écoute des peurs et des réticences de vos collaborateurs, insuffler dans l'entreprise un esprit d'adaptation permanente. Vivre des moments de confrontation et savoir les transformer en sources de progrès.

• *Deux conseils pour progresser*

Compléter les arguments logiques et intellectuels par des approches émotionnelles. La persuasion est un puissant vecteur d'émotions.

Apprendre à utiliser des métaphores et des images en plus des arguments rationnels.

Entre 200 et 250 points : l'« offensif »

Face à l'inertie des collaborateurs, persuader en adoptant des stratégies offensives. Mais tenir compte des peurs et hésitations des autres. Il se peut aussi que dans l'entreprise, les enjeux soient « périr ou survivre ». Exceptés quelques collaborateurs qui partagent les enjeux du manager, les autres oscillent entre la soumission ou l'opposition.

• *Deux conseils pour progresser*

Prendre un peu de temps pour écouter ses collaborateurs.

Présenter ses projets en restant ferme sur les objectifs, mais en laissant une part de mou quant aux méthodes et aux moyens à appliquer pour les atteindre.

---

les clés pour...

Vous situer vis-à-vis de votre manager et comprendre ses enjeux

– Comprendre le rôle et les missions de son manager permet de mieux situer son positionnement, ses contraintes, et constitue une grille de lecture de ses comportements et attitudes.

– Les styles de management sont variés, ils résultent d'une combinaison liée à la personnalité du manager, au degré d'autonomie des collaborateurs et à la culture de l'entreprise.

– Tous les styles sont efficaces à condition d'être utilisés à bon escient, avec le bon dosage.

Chapitre 2

Définir les fondamentaux
d'une bonne collaboration...
et les entretenir

Pour bien « fonctionner » avec votre manager, il est essentiel d'établir une base relationnelle solide entre lui et vous, lui et l'équipe. Elle doit prendre en compte l'environnement de travail, le contexte de l'entreprise. Ainsi, dans ce chapitre, nous vous proposons les outils et méthodes incontournables d'une collaboration réussie.

Dans un premier temps, nous analyserons le processus de changement et verrons comment accepter le changement et être proactif. Puis nous vous présenterons une grille de lecture destinée à décrypter votre environnement. Nous aborderons enfin les principes et outils d'organisation tels que les règles du jeu, la délégation…

Ces outils, méthodes constituent des repères très utiles, ils sont indispensables à votre aisance dans le poste. S'y référer, et les utiliser, contribuera largement à votre réussite. Nous avons souvent constaté que les ignorer conduit inévitablement à l'échec.

Être proactif face au changement

Cette méthode concerne la posture d'adaptation, d'ouverture en situation professionnelle. Comme nous l'avons évoqué, une des missions du manager est de conduire l'équipe à l'atteinte des objectifs, en veillant au développement de l'autonomie de chacun. Or, il est souvent confronté à un contexte professionnel mouvant et complexe.

Face à cela, la tendance spontanée est de rechercher la stabilité et d'adopter une attitude de repli. Sachez que votre manager peut avoir le même réflexe que vous ; les managers d'un comité de direction peuvent parfois être conduits à se faire violence pour conduire des changements importants, tant le besoin de stabilité et de retour à un équilibre est fort chez l'être humain.

Ces attitudes de repli, de frein sont souvent désignées comme des « résistances au changement ». Toutefois, il s'agit plutôt de méconnaissance des changements attendus, d'une incompréhension sur le sens de ceux-ci et de la peur générée par l'inconnu…

LES DIFFÉRENTES PHASES

L'adaptation nécessaire passe par plusieurs étapes, par des paliers successifs (*figure 2.1*). En fonction de l'importance du résultat attendu, l'échelle de temps peut aller de quelques minutes (acquisition de connaissances) à quelques années (modification de la culture et des mentalités).

Le passage par ces différentes phases est nécessaire à l'intégration du processus de changement.

1re étape : la phase « bidon »

Les collaborateurs remettent en cause le principe même du changement. Ces résistances vont s'exprimer à travers des expressions telles que « Cela ne changera rien », « en X années de carrière, j'ai vu passer X patrons… Ils sont partis, moi je suis toujours là. »

Comment en sortir ?

Communiquez avec votre manager, parlez-lui de vos craintes, de votre désaccord ; en comprenant ce qui vous bloque, il sera mieux à même de vous aider.

2e étape : la phase gauche

Ainsi appelée parce qu'elle correspond, dans un changement, à la phase de maladresse dans l'acquisition d'un nouveau savoir-faire ou d'un nouveau comportement.

Ce que vous remettez en cause ici, c'est la faisabilité du changement demandé, compte tenu de votre contexte. Ainsi, vous reconnaissez qu'il peut être efficace mais ailleurs.

Les expressions typiques de cette phase sont : « Ça marche ailleurs, mais chez nous c'est tellement spécifique. » Dans le cas de l'arrivée d'un nouveau manager : « Il a réussi dans telle entreprise, tel service, telle fonction, mais dans notre entreprise, service, métier… »

Comment en sortir ?

Recherchez les avantages concrets du changement, comment cela peut réussir dans votre contexte. Interrogez votre manager.

3e étape : la phase coupable

Dénommée ainsi parce que, confrontés à un changement, les membres d'une équipe l'intègrent à des vitesses différentes. Il s'ensuit pour les plus avancés d'entre eux un sentiment de soulagement : « J'y arrive », « Ça se passe plutôt bien maintenant », et de culpabilité vis-à-vis des collègues qui intègrent moins rapidement le changement.

Ce qui peut se jouer ici, dans certains changements, a trait à la perte de solidarité dans l'équipe.

Comment en sortir ?

Dialoguez avec vos collègues, voire simplement expliquez ce qui fait que ça marche. Votre manager peut également vous accompagner.

4ᵉ étape : la phase d'éveil

L'élément le plus repérable de cette étape réside dans les reproches formulés par les personnes concernées par le changement.

Ainsi, nous nous entendons dire ou penser : « Pourquoi n'y ai-je pas pensé avant, pourquoi ne l'ai-je pas fait avant ? »

Pour une question relative à l'organisation, on entendra : « Pourquoi n'y ont-ils pas pensé avant, pourquoi ne l'ont-ils pas fait avant ? »

Comment en sortir ?

Recherchez l'encouragement, une stimulation pour passer le plus rapidement possible à l'étape suivante.

5ᵉ étape : la phase d'intégration

Ce qui illustre le mieux cette étape, ce sont les phénomènes d'amnésie qui touchent les personnes, « Comment faisait-on avant ? », obligées de faire un effort pour se remémorer les pratiques antérieures.

Dans le cas de changements techniques ou de technologie, elles diront, d'un ton incrédule : « Comment avons-nous pu travailler comme cela ! »

Comment la consolider ?

Recherchez auprès de votre manager un feed-back sur ce qu'il a apprécié du chemin parcouru. Encouragez-le à marquer l'événement avec l'équipe, par exemple en organisant une réunion pour faire le point, un repas, un pot avec les collaborateurs.

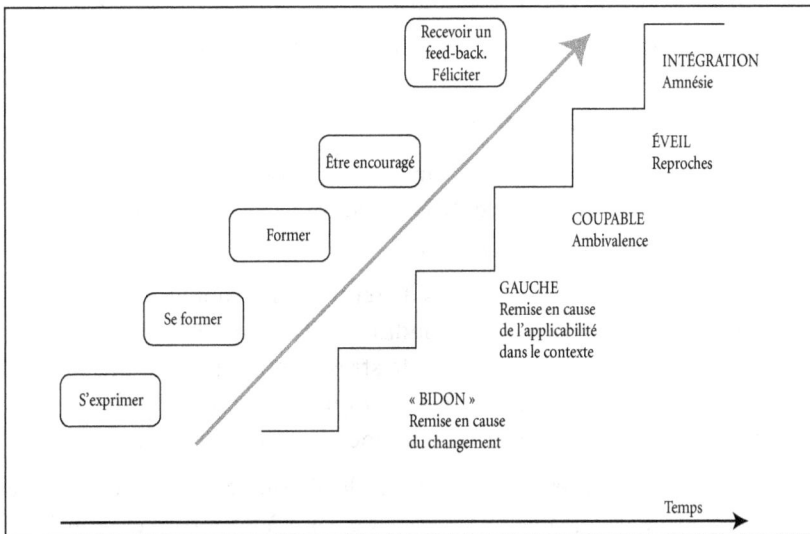

FIGURE 2.1. L'ESCALIER DU CHANGEMENT.

Les phénomènes décrits et les manières de dépasser chaque stade s'appliquent à tous les changements introduits dans une équipe de travail.

En cas de doute ou de difficulté, les collaborateurs redescendent parfois momentanément de quelques marches, tenant par exemple ces propos : « J'avais bien dit que cela ne fonctionnerait pas. »

LES DEUX NIVEAUX DU CHANGEMENT

Outre les évolutions conduites par l'entreprise, et au plus près par le manager, l'envie de changer peut émerger lorsque nous ressentons de l'inconfort, du malaise, de l'inefficacité.

Il existe deux niveaux, ils conditionnent le succès de vos pratiques professionnelles et la qualité de la communication avec votre manager. Aussi est-il important de pouvoir situer le niveau concerné et sa nature.

Le changement de niveau 1

C'est un changement fonctionnel fondé sur la volonté consciente de passer d'un comportement à un autre. Nous modifions des éléments du système mais pas la façon dont il fonctionne.

Il peut s'agir des bonnes résolutions de rentrée ou de nouvelle année, c'est un changement superficiel qui ne modifie pas votre représentation. Il peut donc s'avérer fragile, car un coup de stress, de fatigue peut vous faire revenir à la situation initiale. Par exemple : vous décidez de ne plus ruminer contre votre manager s'il se ferme à vos propositions.

Mais c'est aussi, dans certaines situations, le niveau de changement adapté et satisfaisant. Par exemple, plutôt que de venir à l'improviste pour faire un point avec votre manager, vous décidez de prendre un rendez-vous.

Le changement de niveau 2

C'est un changement structurel, **il peut être modeste**, mais il est radical car il suppose une nouvelle représentation de la réalité : il s'agit de transformer le système lui-même dans sa structure et dans les interactions de ses éléments. Par exemple : vous avez compris comment, en ne clarifiant pas vos attentes et surtout leur compréhension par votre manager, vous créez vous-même les conditions d'une mauvaise communication. De ce fait, il ne vous écoute pas. Donc vous faites partie du problème « non-écoute de votre manager » et pour une part vous en êtes la solution.

Le niveau 2 fait intervenir un changement de représentation de la réalité, un changement de regard sur la vie, sur nous, sur les autres. C'est le plus durable, il permet également de faire évoluer ses comportements.

---

en résumé

Ce que vous pouvez attendre de votre manager, en phase de changement
Il peut :
– **expliquer, démontrer**, pour clarifier le changement en cours, lui donner du sens, le mettre en perspective à moyen et long terme ;
– **assister, aider**, en vous conseillant sur la manière d'agir face aux nouvelles règles, en consacrant des temps d'échanges individuels et collectifs et en vous donnant des recommandations pour régler les problèmes au jour le jour ;
– **renforcer**, par la mise en valeur des succès, des progrès, en vous encourageant, en convainquant que changer permet de valoriser son potentiel et en communiquant sur les résultats obtenus.
À vous de jouer et de le solliciter selon vos besoins.

Prendre du recul, décrypter son environnement

L'APPROCHE SYSTÉMIQUE

Chaque individu, au sein de son entreprise, est en relation avec de nombreuses personnes : ses collègues, celles qui travaillent dans d'autres directions... Elles ont des positions, des métiers différents, elles peuvent avoir des points de vue spécifiques, voire opposés. Leurs champs de compétences et de pouvoir se recoupent, se recouvrent et sont parfois même en concurrence.

Tous ces éléments sont en relation et interagissent de manière subtile. Mieux comprendre son environnement implique d'accepter le principe de la complexité de l'organisation et de l'envisager comme un système.

En effet, l'approche de l'entreprise en tant que système donne des clefs pour mieux appréhender l'organisation. « On considérera comme un système tout ensemble d'éléments aux interactions suffisamment organisées, hiérarchisées et finalisées pour être perçu comme une entité autonome, relativement à son contexte d'existence[1]. » Reprenons ce concept.

Un système, c'est un ensemble… Une entreprise n'est pas une collection de salariés, mais un tissu d'interactions qui donnent lieu à l'apparition de phénomènes de groupe comme la solidarité, les conflits… Chaque individu a sa place, bien évidemment, mais dans cette perspective, le tout est plus que la somme des parties. La performance collective n'est pas égale à la somme des compétences individuelles, elle la transcende.

… vivant… Un système vit : il naît, grandit, vieillit et pour continuer à vivre, il doit évoluer, changer, se transformer.

… d'éléments en relation, qui sont de nature différente : les personnes et les multiples relations interpersonnelles, l'environnement matériel et immatériel, le langage…

L'ensemble est hiérarchisé, organisé et finalisé. Les systèmes s'organisent fonctionnellement et structurellement. Ainsi, l'existence de l'organigramme officiel décrit un certain nombre de relations hiérarchiques et structurelles mais ne rend pas compte à lui seul de la répartition des pouvoirs et des jeux d'influence.

---

1. « Ce qu'enseigne la systémique » de François Balta, Jean-Louis Muller (sous la dir. de), *Guide du management et du leadership*, éditions Retz, 2007.

Il est arbitrairement limité, par les représentations des individus, « la carte n'est pas le territoire », autrement dit : « Chacun voit midi à sa porte. » Nos représentations de la réalité conditionnent, a priori, nos comportements.

L'ensemble réagit pour maintenir son unité. « En adoptant un comportement de " résistant " face aux agressions qui pourraient le détruire, le décomposer, c'est-à-dire supprimer les relations qui relient ses constituants.[1] »

Ainsi, en resituant le changement dans le système, vous en comprendrez mieux les finalités et, en conséquence, plusieurs possibilités s'offriront à vous.

Prendre du recul. Analysez les types de relations que les personnes essayent de construire avec vous et clarifiez leurs enjeux, besoins et motivations. Optimisez le traitement de l'information : ce qui est transmis peut être inexact, incomplet, inadapté. Les demandes ne sont pas toujours explicites, ni fiables. Il peut s'avérer nécessaire de les faire préciser ou d'identifier la provenance de l'information.

Développer des relations constructives. Écoutez l'autre, ajustez-vous, adaptez-vous. Il ne fonctionne pas comme vous, ne travaille peut-être pas dans le même environnement. Il n'a pas nécessairement la même perception de la situation. Sachez, quand c'est nécessaire, passer du contenu de l'échange à la façon dont vous communiquez pour lever des blocages qui portent sur la manière de dire et non sur le fond.

Adopter une attitude d'ouverture et de remise en cause. Mettez-vous, si nécessaire, dans la position du candide en n'hésitant pas à poser des questions dont les réponses peuvent, certes, paraître évidentes à première vue. Toutefois, elles sont indispensables pour bien comprendre les tenants et

---

1. *Idem.*

aboutissants d'une situation. Recherchez ce qui donne sens au comportement de la personne en évitant le reproche et la culpabilisation afin de mieux appréhender les difficultés rencontrées et les améliorations possibles. Acceptez des points de vue différents de vos représentations et renoncez à chercher le point de vue qui représenterait la vérité unique.

Élargir votre point de vue. Lorsqu'un problème survient, plusieurs causes en sont souvent à l'origine, car les situations sont multidimensionnelles. N'oubliez pas qu'il n'y a pas une seule solution pour le résoudre, il y a donc des choix à faire. Adoptez une attitude créative pour produire un maximum d'idées qui peuvent constituer des pistes de solutions.

Activer votre réseau. Créez votre propre réseau et entretenez-le afin de vous tenir informé et de bénéficier des informations utiles et pertinentes.

DIFFÉRENCIER COMPLIQUÉ ET COMPLEXE

Un problème compliqué peut être décomposé en éléments simples, chacun d'entre eux constitue une cause pour laquelle nous allons rechercher une ou plusieurs solutions. Par exemple, vous utilisez l'application informatique développée en interne et vous estimez qu'elle ne vous permet pas telle ou telle fonctionnalité pourtant importante pour gagner en efficacité. Il sera relativement simple d'apporter une solution technique, dès lors que les aspects techniques, le coût et les compétences seront validés par la direction. Autre exemple, vous travaillez avec un collègue qui est démotivé. Il n'assure pas complètement ses activités, et vous palliez de plus en plus difficilement les conséquences de son désinvestissement. Cette situation s'avère délicate pour votre manager, censé mettre en œuvre une solution, car il s'agit d'une question de motivation. Cette dernière ne se décrète pas, elle s'appuie sur des ressorts internes propres à l'individu. Votre collègue, en ne réalisant pas les attendus de sa fonction, en tire peut-être certains bénéfices ? Est-ce une façon d'attirer l'attention de son manager sur lui ?... et peut-être que votre manager, de son côté, ne considère-t-il pas qu'il soit judicieux d'intervenir. Vous aimez assurer certaines activités de ce collègue, cela vous apporte une certaine satisfaction liée à l'enrichissement de votre poste. Si tel est le cas, en agissant de la sorte, vous cautionnez l'attitude de votre collègue. Ainsi, la situation est complexe, car on ne peut plus décomposer le problème en éléments simples. Tout est imbriqué.

Cet exemple nous démontre que les problèmes de management sont loin d'être simples. En quelque sorte, dès lors que l'aspect humain intervient, la situation peut s'avérer complexe. Ainsi, un manager directif va entretenir un collaborateur dans la passivité, ce qui va renforcer le style directif du manager.

Voici quatre principes d'action à adopter face à des situations problématiques.

- Je fais partie du problème et je fais partie de la solution : je suis nécessairement impliqué dans la recherche de solution puisque je fais partie du problème.

- Le problème est une représentation mentale : c'est la façon dont je le décris, dont je parle, la façon dont mon manager le présente qui apporte des informations sur la perception de chacun.

- Les relations entre les éléments d'un problème sont aussi importantes que ces éléments. Ainsi, prendre en compte les interactions entre les personnes, les aspects techniques d'une situation aide à comprendre et à résoudre cette situation.

- Le problème n'est ni bon ni mauvais en soi. Il faut le considérer comme tel pour bien le traiter, l'aborder sous l'angle du jugement moral serait une piste inutile.

Pour agir efficacement avec votre manager dans la résolution de problèmes, tenez compte du contexte, de l'environnement dans lequel intervient cette situation. Pour cela, il est important non seulement de recueillir les faits, mais aussi de prendre en compte les éléments psychologiques (émotions, pensées, ce à quoi croient les personnes impliquées) et enfin l'« écologie » du problème en place (c'est-à-dire ce que chacun gagne et perd à ne pas changer, à perpétuer cette situation…).

Pour situer les problèmes et leur résolution au juste niveau, souvenez-vous que ce qui est important n'est pas qui est votre manager, mais ce que vous pensez que votre manager pense de vous et ce qu'il pense que vous pensez de lui[1].

Bien s'organiser au quotidien

Bien gérer votre travail n'est pas toujours facile. En effet, vous devez traiter, au quotidien, des imprévus, des demandes de dernière minute et pouvez être amené à redéfinir vos priorités. Pour optimiser cela, adoptez les principes essentiels à une bonne organisation.

PRINCIPES ET OUTILS

Faire un point régulier avec son manager

Selon vos besoins, initiez des temps de travail et d'échange sur les dossiers en cours, sur le suivi des activités avec votre manager. Vous pourrez ainsi recueillir des informations précieuses, vous ajuster sur le travail à fournir,

---

1. Le chat, de Geluck (dessinateur belge), aurait pu vous donner ces conseils imprégnés d'une grande sagesse.

les résultats attendus des activités confiées. Vous pourrez également lui faire part des difficultés rencontrées et des solutions envisagées… Ces temps de rencontre se planifient : demandez un rendez-vous en précisant la durée nécessaire. Votre manager sera plus enclin à vous recevoir si vous les optimisez en préparant tous les éléments utiles : supports papier, questions, arguments étayés par des données chiffrées…

Planifier ses activités

Planifiez votre travail de façon réaliste, ne sous-estimez pas le temps nécessaire à la réalisation d'une activité. Nous en avons souvent une appréciation irréaliste, en particulier lorsque nous omettons de comptabiliser les temps d'échanges, de préparation, la relecture et la validation.

Notez par écrit le plan de travail prévisionnel à la journée et sur la semaine ainsi que la liste des tâches à faire, de manière à ne rien oublier. Appuyez-vous sur des check-lists pour la réalisation de tâches récurrentes.

Utilisez des supports tels que le trieur à trente et une divisions pour assurer le suivi des activités au jour le jour.

Anticipez le plus possible la réalisation des activités à fort enjeu, compte tenu des imprévus. Cela vous évitera de vous mettre sous pression pour respecter les délais.

Alerter, relancer

Mettez en place un tableau de suivi des activités sous Excel en notant par exemple le nom de l'activité, les tâches relatives à l'activité (qui intervient, pour faire quoi, dans quel délai…).

Anticiper les problèmes

Dans le cadre d'un changement lié à l'amélioration d'un processus ou à la manière de réaliser une activité (seul ou en groupe), le tableau qui suit vous aide à envisager les différentes possibilités, leurs impacts et leurs conséquences.

- Il facilite une prise de décision collective.

- Il permet de récapituler plusieurs solutions (et donc de ne pas se limiter à une première idée).

- Il concrétise par des faits les atouts et limites de chaque solution pour rendre la prise de décision plus aisée (ou pour mieux argumenter une négociation).

Cette matrice permet ainsi de croiser des propositions d'amélioration et leurs critères de faisabilité.

MATRICE D'AIDE À LA DÉCISION

Actions envisagées	Rapidité de mise en place	Faisabilité technique	Coût	Impact sur l'activité	Total
Action 1					
Action 2					
Action 3					
Action 4					
...					
Bilan					

Chaque action doit être cotée de 0 à 3.

- 0 : éliminatoire ;

- 1 : effet mineur ;

- 2 : effet moyen ;

- 3 : effet majeur.

UTILISER LES RÈGLES DU JEU

Si nous prenons l'image des voyages en mer, chaque marin connaît les règles de navigation et les règles de vie à bord. Cette analogie s'applique à l'équipe de travail. Le manager est comme le capitaine : c'est lui qui fixe le fonctionnement de la vie à bord. Ainsi, les « règles du jeu » ont pour but de faciliter la vie à bord, de gérer les incidents avec plus de fluidité, d'éviter les dérives ou les accidents... Elles diffèrent du règlement intérieur de l'entreprise qui sont les règles de navigation supposées connues de tous.

Disposer de règles du jeu établies par votre manager (avec ou sans votre participation) permet à chacun de situer son champ d'action. Chaque membre de l'équipe dispose d'indications précises, peut déterminer les priorités d'action.

Elles répondent aux questions que vous pouvez vous poser telles que :

- Est-ce que cela se fait ?
- Qu'attend-on de moi dans telle situation ?
- Jusqu'où puis-je aller dans ma prise d'initiatives ?
- Est-ce que telle action/tel comportement est attendu, toléré, défendu ?
- Quand et comment alerter mon manager ?
- Pour cela, dois-je en référer à... ?
- Puis-je passer directement par... ?

Il est indispensable que chacun sache à quoi s'en tenir sur les finalités, les valeurs et les comportements indispensables pour la réussite et l'efficacité d'un groupe.

Disposer de règles du jeu, c'est avoir des **repères**, connaître les **impératifs** et les **priorités.** C'est aussi préciser les **critères** de la réussite individuelle et collective.

Elles servent ainsi de repères individuels et pour l'équipe.

Pour être efficace, une règle doit correspondre aux cinq critères définis dans ce tableau.

C'est une règle **applicable.**	Le non-respect de ce critère peut avoir des conséquences graves. Mieux vaut pas de règle du tout que des règles inapplicables !
C'est une règle **utile.**	La règle constitue une aide pour travailler plus efficacement, pour atteindre les objectifs prévus. Elle n'est pas contradictoire avec les exigences du travail, mais s'avère cohérente et facilitatrice.
C'est une règle **contractuelle.**	Elle correspond à un engagement réciproque du leader et de chacun pour tout ce qui concerne la vie du groupe.
C'est une règle **protectrice.**	Elle apporte la dose de sécurité nécessaire à toute action et répond aux préoccupations, questions des membres du groupe.
C'est une règle **souple.**	Les règles ne font que décrire essentiellement ce qui se passe déjà quand ça marche bien naturellement. Elles sont le reflet de l'adaptation de l'équipe aux changements successifs qui l'ont fait devenir ce qu'elle est aujourd'hui.

Voici quelques exemples de règles du jeu.

- Visibilité sur l'emploi du temps : mettre à jour son agenda.

- Survenue de priorités, imprévus de dernière minute : entraide entre collaborateurs.

- Absence prolongée prévisible : effectuer un point sur les dossiers et laisser une trace écrite, faciliter l'accès à sa messagerie…

- Respect des tâches et délais : prévenir à J-2 en cas de problème ou trouver une solution…

LA DÉLÉGATION

Dans le premier chapitre, nous abordions brièvement la délégation à travers les exemples de Marie *(voir p. 10)* et de Cynthia *(voir p. 8)*. Ces deux managers illustrent deux attitudes contrastées à cet égard. En effet, Marie déléguait en précisant le cadre de la mission, les modalités pratiques, en instaurant la confiance et en facilitant les échanges. Cynthia, elle, préférait contrôler systématiquement les circuits de décisions et d'informations, en dépit de la charge de travail supplémentaire que cela représente.

Les **obstacles à la délégation** sont nombreux, les raisons qui en encouragent une pratique volontariste le sont tout autant.

Dans la pratique, vous pouvez rencontrer un certain nombre de freins de la part de votre manager.

- Il centralise les informations et décisions et délègue sur des détails.
- Il cherche une délégation à son image, et vous êtes tenu de reproduire son mode de fonctionnement.
- Il délègue pour se débarrasser d'un problème qu'il ne souhaite pas traiter.
- Le droit à l'erreur reste théorique.
- Il exerce beaucoup de points de contrôle de manière tatillonne, etc.

Les bénéfices de la délégation

Le manager utilise et développe les compétences des membres de son équipe, accroît leurs sens des responsabilités. La délégation peut ainsi constituer un puissant facteur de motivation des collaborateurs intéressés.

Confier certaines tâches ou activités lui permet de disposer de plus de temps et de pouvoir se consacrer davantage à ses missions essentielles. Le collaborateur développe ses compétences, acquiert de l'expérience, de nouvelles connaissances ; il découvre de nouvelles activités. Cela peut lui permettre de réorganiser le périmètre de son poste si la nouvelle activité est ensuite intégrée au quotidien. Les échanges et le suivi dans le cadre de la délégation renforcent les liens et la confiance avec le manager.

Comment recevoir la délégation

Votre manager doit identifier ce qu'il peut vous confier en fonction des enjeux, de la confidentialité, de la responsabilité. Ce qui relève du cœur de la mission de votre manager, ce pourquoi il est directement responsable auprès de votre direction, ne se délègue pas (management des collaborateurs, dysfonctionnements de l'équipe…).

Une délégation ne s'impose pas. Aussi pouvez-vous la refuser en expliquant vos raisons sans pour autant vous justifier. Si vous l'acceptez, il est important d'en préciser le champ, c'est-à-dire les responsabilités confiées et leurs limites, les droits et devoirs de chacun au cours de cette délégation. De ce fait, vous passez un contrat définissant l'engagement réciproque avec votre manager. Il est relatif à :

- la manière de mener à bien cette mission dans le délai imparti ;
- la détermination des modalités pratiques de suivi pendant la délégation ;
- ce qu'il faut faire en cas de difficulté (faire remonter les informations et alerter en temps utile).

De son côté, votre manager s'engage à vous aider en cas de difficulté, il conserve la responsabilité du travail effectué par vous et s'engage à vous accompagner jusqu'au terme de la délégation.

Une fois cela clarifié, il convient de préciser l'objectif à atteindre. En effet, votre manager ne vous délègue pas une tâche à faire, ce qui relève de la simple exécution d'un travail, mais un objectif comportant de l'autonomie et une prise d'initiatives. De ce fait, il est important de préciser les critères

42

de réussite quantitatifs et qualitatifs permettant de répondre à la question « Qu'est-ce qui nous permettra de dire que nous avons réussi dans cette mission ? » Vous devez préciser les moyens dont vous souhaitez disposer pour atteindre l'objectif. Il peut s'agir de moyens financiers, matériels, d'un budget temps ou d'une formation.

Au cours de cette mission, demandez des réunions de suivi avec votre manager. Cela a été validé en amont, lorsque la délégation vous a été présentée. Vous êtes coresponsable de ce suivi. Si votre manager ne trouve pas le temps de vous rencontrer, n'hésitez pas à le relancer, surtout si vous avez un doute sur l'avancement du projet. Sollicitez-le par e-mail, communiquez-lui les éléments.

Prenez le temps, en fin de mission de faire un point avec lui afin d'évaluer les éléments positifs et les enseignements à tirer pour la fois suivante. Ce bilan porte sur les aspects techniques et sur la manière dont vous avez conduit cette délégation. Assurez-vous que la paternité de votre travail soit reconnue par votre manager… et visible par les destinataires du travail, si cela est pertinent.

Enfin, voyez si cette activité peut s'intégrer dans vos missions. Êtes-vous prêt pour assurer une nouvelle délégation ?

Tests : collaboration et délégation

TEST SUR LES BASES ESSENTIELLES DE LA COLLABORATION

Voici plusieurs situations. Pour chacune, vous devez choisir une réponse en fonction de vos comportements réels et non souhaités.

Tout à fait : vous adoptez très souvent ce comportement, les situations décrites vous correspondent tout à fait.

Plutôt : vous adoptez souvent ce comportement, les situations décrites vous correspondent bien.

Un peu : vous adoptez parfois ce comportement, les situations décrites ne vous concernent qu'occasionnellement.

Pas du tout : vous n'adoptez jamais les comportements décrits, ils ne vous correspondent pas du tout.

N°	Situations	Tout à fait	Plutôt	Un peu	Pas du tout
1	Il y a des jours où j'ai envie de me défouler en disant à mon manager ses quatre vérités.				
2	Mon manager et le fonctionnement de l'équipe me permettent de développer mes compétences.				
3	Je travaille dans de bonnes conditions matérielles.				
4	À quoi sert-il d'essayer de changer les choses, puisque le manager n'acceptera pas ?				
5	Je dispose de procédures ; de ce fait, les modalités concernant les tâches à exécuter sont claires.				

N°	Situations	Tout à fait	Plutôt	Un peu	Pas du tout
6	Les limites de mon champ d'action et les règles du jeu sont claires ; de ce fait, je suis plus à l'aise pour faire face aux imprévus.				
7	Dans mon équipe, synergie, coopération, esprit d'équipe n'existent pas.				
8	J'ai une indépendance d'action trop limitée.				
9	Je ne me sens pas reconnu dans mon travail.				
10	Nous avons mis en place des outils pour bien fonctionner (point régulier, agenda partagé et à jour...) et sommes dans une logique de progrès constants.				
11	Mon manager est peu disponible, peu joignable.				
12	Tout est urgent, je ne sais pas définir mes priorités.				

Dépouillement du test

Comptez le nombre de points en fonction de l'option choisie et faites le total.

N°	Situations	Tout à fait	Plutôt	Un peu	Pas du tout
1	Il y a des jours où j'ai envie de me défouler en disant à mon manager ses quatre vérités.	1	3	6	10
2	Mon manager et le fonctionnement de l'équipe me permettent de développer mes compétences.	10	6	3	1
3	Je travaille dans de bonnes conditions matérielles.	10	6	3	1
4	À quoi sert-il d'essayer de changer les choses, puisque le manager n'acceptera pas ?	1	3	6	10
5	Je dispose de procédures ; de ce fait, les modalités concernant les tâches à exécuter sont claires.	10	6	3	1
6	Les limites de mon champ d'action et les règles du jeu sont claires ; de ce fait, je suis plus à l'aise pour faire face aux imprévus.	10	6	3	1
7	Dans mon équipe, synergie, coopération, esprit d'équipe n'existent pas.	1	3	6	10
8	J'ai une indépendance d'action trop limitée.	1	3	6	10

N°	Situations	Tout à fait	Plutôt	Un peu	Pas du tout
9	Je ne me sens pas reconnu dans mon travail.	1	3	6	10
10	Nous avons mis en place des outils pour bien fonctionner (point régulier, agenda partagé et à jour...) et sommes dans une logique de progrès constants.	10	6	3	1
11	Mon manager est peu disponible, peu joignable.	1	3	6	10
12	Tout est urgent, je ne sais pas définir mes priorités.	1	3	6	10

Résultats

*Si vous avez **un total supérieur à 90**, bravo, vous êtes pratiquement au top sur chacune des quatre facettes du fonctionnement avec votre manager et avec l'équipe (aspects relationnels, organisationnels, définition du champ d'action et satisfaction au poste de travail).*

***Entre 56 et 89**, c'est bien parti, poursuivez.*

***Entre 25 et 55**, il y a des choses satisfaisantes, mais beaucoup de points d'amélioration sont nécessaires.*

***Au-dessous de 24**, examinez de façon urgente les pistes de progrès à suggérer afin de mieux fonctionner avec votre boss et avec l'équipe.*

TEST SUR LA DÉLÉGATION

Si vous n'avez pas encore obtenu de délégation de votre manager, imaginez quel comportement vous adopteriez si vous étiez en situation de délégation.

Autodiagnostic sur votre comportement en tant que collaborateur	Rarement	Parfois	Souvent
Souhaitez-vous obtenir de nouvelles responsabilités ?			
Avez-vous confiance dans les aptitudes de votre manager à assumer efficacement la délégation ?			
Informez-vous régulièrement, sur l'essentiel, votre responsable sans qu'il en fasse la demande ?			
Le consultez-vous souvent pour avoir un avis ?			
Faites-vous des efforts pour rechercher seul la solution lorsque vous êtes confronté à une difficulté ?			
Respectez-vous les échéances : remise de documents, travaux ?			
Acceptez-vous volontiers les remarques et suggestions de votre responsable ?			
Vous sentez-vous à l'aise dans les entretiens d'évaluation des résultats ?			
Acceptez-vous les côtés contraignants de la délégation : nécessité de rendre compte, restriction du champ d'action... ?			
Craignez-vous les réactions des collègues en cas de délégation (jalousie, envie) ?			

Résultats

Si vous avez répondu « souvent » à plus de six questions, bravo, vous êtes mûr pour obtenir une délégation de la part de votre manager.

les clés pour...

Établir une bonne collaboration

Le changement concerne tous les aspects de notre vie ; nous avons besoin de repères, d'invariants et d'habitudes pour nous construire et intégrer les nouveautés.

Être proactif face au changement, c'est adopter une attitude d'ouverture, élargir son horizon.

Acceptez le changement et surfez sur la vague pour éviter de la prendre de plein fouet. Regardez à l'horizon et non à vos pieds pour élargir votre perspective.

Appliquez les règles du jeu pour garder le cap et éviter de dériver ou d'échouer.

Et utilisez les outils indispensables à une bonne navigation et à une bonne organisation.

Chapitre 3

Développer l'intelligence relationnelle manager-managé

Dans le premier chapitre, nous avons évoqué l'importance du dialogue et la coresponsabilité en situation de communication, notamment avec son manager, dont les comportements peuvent surprendre et dont les demandes peuvent être floues, imprécises, voire contradictoires. Il est ainsi nécessaire d'instaurer le dialogue, d'aller vers l'autre pour obtenir des précisions, d'être à son écoute.

Ce chapitre vous propose des outils indispensables pour développer votre intelligence relationnelle.

Pourquoi est-il difficile de bien communiquer ?

Chacun de nous réagit en fonction de son histoire, de son expérience, de ses croyances, de ce qu'il ressent. « Nous ne voyons pas les choses telles qu'elles sont, nous les voyons tels que nous sommes », écrivait Anaïs Nin. Nous percevons ainsi la réalité à travers des filtres qui découlent de notre cadre de référence. Celui-ci résulte de notre personnalité, notre éducation, nos valeurs, nos expériences, de tout ce qui fait que chaque individu est unique.

Ainsi, des incompréhensions, quiproquos se produisent fréquemment. « Ce n'est pas tant ce que les gens ignorent qui cause des problèmes, c'est tout ce qu'ils savent et qui n'est pas vrai », disait Mark Twain.

LES TROIS SOURCES DE MALENTENDUS LES PLUS FRÉQUENTES

L'interprétation

Nous entendons les propos de l'autre à travers le filtre de nos croyances, sentiments et interprétons naturellement ce que nous entendons. « Ça y est, le dossier est bouclé, je suis content », dit votre manager. Cela signifie que les délais et la procédure ont bien été respectés. Pour vous, cela signifie qu'il apprécie la qualité de votre travail.

Les rajouts

Nous comprenons des choses qui ne sont pas exprimées, car, pour nous, cela est évident et cela n'a pas besoin d'être dit pour être compris. En outre, lorsque nous diffusons des informations, le message transmis peut être modifié et comporter des rajouts. Vous connaissez sans doute ce jeu lié à la communication orale : une personne transmet verbalement un message à une autre, qui, à son tour, le communique de la même manière, à une troisième personne… Après quelques transmissions, le message final n'a souvent plus rien à voir avec celui d'origine. Très vite interviennent des déperditions d'informations et des rajouts.

Les omissions

Une partie du message est occultée involontairement. Cela peut concerner des informations qui, selon nous, ont peu d'importance ou que nous n'avons pas comprises. De ce fait, nous ne voyons pas l'intérêt de les retransmettre. Les omissions peuvent aussi résulter d'un manque de précision dans la communication.

LES OBSTACLES LIÉS À L'ENVIRONNEMENT DE TRAVAIL

- Le manque de temps pour expliquer, répondre aux questions, préparer ses questions.
- La peur du jugement de l'autre. Parfois nous n'osons pas poser de questions qui peuvent paraître stupides.
- L'isolement, la distance géographique qui sépare les personnes.
- La timidité, le manque de confiance en soi, nous n'osons pas exprimer notre point de vue.
- Le manque de confiance en son manager…

Les techniques et méthodes de communication

LES GESTES ET EXPRESSIONS DU VISAGE

« On ne peut pas ne pas communiquer.[1] »

Les gestes, postures, mimiques expriment le ressenti, ils correspondent au langage inconscient du corps. Vous êtes vu avant d'être entendu !

Selon Albert Mehrabian[2], plus de 80 % du message passe par le non-verbal et le paraverbal *(figure 3.1)*.

Le non-verbal, ce sont les mimiques, expressions du visage, les gestes, postures. Le paraverbal concerne le ton de la voix, le rythme, le débit.

Imaginez que votre manager vous dise « Je suis très content de ce dossier, il correspond à ce que je voulais », avec une expression préoccupée (froncement de sourcils) et un ton de voix agacé, accompagné de soupirs…

Étant donné l'importance des registres du non-verbal et paraverbal, voici quelques conseils à adopter lorsque vous communiquez.

---

1. Paul Watzlawick, psychologue et théoricien de la communication. Il fut l'un des pionniers de l'école Palo Alto.
2. Albert Mehrabian, spécialiste de la communication.

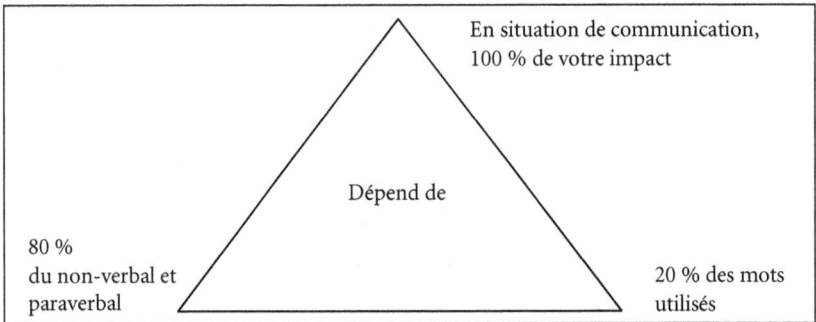

FIGURE 3.1. IMPACT DU NON-VERBAL, PARAVERBAL ET VERBAL

Observez. Prêtez attention à vos interlocuteurs. Les expressions de leur visage expriment les émotions, le ressenti. Vous remarquerez ainsi leurs attitudes d'accord, de désapprobation ou de doute. Une expression figée, une contraction, un froncement de sourcils, la bouche crispée et une raideur traduisent souvent une émotion liée à la crainte, le désaccord. La joie, le plaisir, l'approbation se manifestent par la détente : sourire, absence de tension (front lisse, mâchoires et bouche non crispées…).

Soyez détendu, souriant. Votre interlocuteur aura un a priori favorable si vous êtes détendu, s'il vous perçoit disponible, à l'écoute.

Habitez l'espace. Soyez à l'aise dans l'espace occupé (bureau de votre manager, le vôtre, un bureau en open space). Prenez appui sur le sol (pieds légèrement écartés si vous êtes debout). Installez-vous dans une posture confortable, ouverte (épaules dégagées, tête redressée, dans l'alignement du corps). Occupez votre « cercle magique », votre espace à vous, qui vous permet de vous sentir à l'aise. Ceci est très important, surtout si vous avez une demande délicate à formuler, ou si l'échange est inconfortable pour vous.

Adoptez des gestes d'ouverture. Assis ou debout, à vous de trouver votre confort : adoptez des gestes d'ouverture, privilégiez les gestes de détente, cela minimise les gestes parasites et tics.

Pensez à sourire, respirer et regardez votre interlocuteur.

Respirez et modulez votre voix. Adoptez une respiration ample pour ne pas vous sentir oppressé, manquer de souffle et éviter les trémolos dans la voix.

Variez le volume et le débit, changez le rythme et faites des pauses.

L'ÉCOUTE

L'écoute est l'élément fondamental de la communication. Elle paraît naturelle et aller de soi, or il n'en est rien, parce qu'il s'agit d'un exercice difficile, et que cela demande un effort d'attention envers l'autre. Toute relation est impossible sans elle, et plus encore, la qualité de nos relations est liée à notre qualité d'écoute.

Écouter est différent d'entendre. Cela implique de comprendre intellectuellement et affectivement l'autre. Ainsi, lorsque vous échangez avec votre manager, pour adopter une attitude d'écoute, être disponible, il est important de laisser de côté vos a priori afin de pouvoir être totalement attentif. Prenez le parti d'accueillir ses propos, sans juger. De cette façon, votre ouverture à l'autre va susciter en retour plus d'écoute de sa part, selon un processus de réciprocité.

En quoi est-ce utile avec son manager ? Cela vous permettra de comprendre son besoin, son point de vue, sa demande, de recueillir des informations précises, qui aident à mieux comprendre sa logique, ses craintes, à obtenir un feed-back.

Écouter, ce n'est pas approuver : nous faisons souvent une confusion entre les deux. Si vous n'êtes pas d'accord avec les positions, les points de vue de l'autre, il est a fortiori nécessaire de lui témoigner une attention bienveillante. Cela vous permettra ensuite de reprendre les éléments précis évoqués afin d'argumenter avec pertinence.

Écouter revient donc à avoir une attitude mentale et physique ouverte, accueillir tout ce qui est dit, laisser de côté les jugements, les a priori, se poser et prendre le temps : un temps pour écouter, un autre pour analyser et répondre… On ne peut pas tout faire simultanément, ne brûlez pas les étapes.

La qualité d'écoute

Elle fluctue selon les moments, les situations, les personnes en présence, ou encore, selon notre intérêt pour l'interlocuteur et le sujet de l'échange. Le tableau qui suit illustre ces différents niveaux d'écoute.

TABLEAU RÉCAPITULATIF DES ATTITUDES POSSIBLES

Ce que je fais	Ce qui est dit	Ce que j'entends	Qualité d'écoute
Je pense à autre chose, j'ai l'esprit ailleurs.			0 %. Pas d'écoute
Je n'écoute que certains mots, certaines idées qui attirent mon attention. Je me laisse entraîner par mes propres idées			50 % et moins. Écoute partielle.
Je n'écoute que le début puis, croyant comprendre ou n'étant pas d'accord, je prépare déjà une réponse.			Moins de 50 % et rajouts. Écoute sélective.
Je n'écoute pas ou capte seulement les derniers mots.			10 à 20 %. Écoute sélective.

TABLEAU RÉCAPITULATIF DES ATTITUDES POSSIBLES

Mon écoute va et vient.	●	⊘	Pourcentage variable. Écoute sélective.
Je laisse de côté mes propres idées sur la personne ou le problème. J'ai une attitude ouverte. Je reçois ce qui est dit.	●	●	100 %. Écoute totale.

L'écoute totale, est qualifiée d'empathique[1]. Cette attitude implique une grande qualité d'écoute : 100 % dans le tableau présenté ci-dessus. Cela consiste à laisser de côté ses propres idées sur la personne ou le problème. C'est aussi la capacité à se mettre dans la peau de l'autre, à percevoir sa manière de ressentir les situations.

Elle est particulièrement appropriée lorsqu'il s'agit d'aider l'autre à résoudre son problème, à clarifier ses idées.

LES SILENCES

Ils font partie de la communication et de l'écoute. Si écouter n'est pas facile, accepter des temps de silence n'est pas plus aisé. Souvenez-vous du proverbe chinois : « Il faut trois ans pour apprendre à parler et toute une vie pour apprendre à se taire. »

Ils peuvent être ressentis comme positifs, par exemple lorsque l'on considère que « le silence est d'or », ou négatifs, lorsque l'on ressent un malaise, une crainte. Dans ce contexte, ces temps de silence ne sont pas supportés, il y a un vide à combler coûte que coûte.

---

1. Ce concept a été développé par Carl Rogers, psychothérapeute américain.

Le silence réflexion

Il est une continuité de la communication. Durant ce silence, l'interlocuteur réfléchit, intègre les propos qui viennent d'être énoncés ou prépare sa réponse. Intervenir à ce moment équivaut à couper la parole.

Généralement, l'interlocuteur adopte des mimiques ou des postures caractéristiques de la réflexion. Le regard est souvent porté vers le haut ou le bas, fixant un écran imaginaire où défile la pensée.

Si vous avez des difficultés à supporter cet instant, comptez mentalement jusqu'à dix, avant de relancer l'échange par une question ouverte ou en reformulant sur le silence : « Vous êtes silencieux ! Vous semblez absorbé dans vos réflexions ! »

Le silence attente

La communication est provisoirement suspendue. Le silence attente fait partie du rythme du discours, tel un point au terme d'une phrase. Durant ce moment, l'interlocuteur est en attente d'une réponse. Intervenir à cet instant permet à la relation de se poursuivre sans occasionner de gêne.

Vous êtes amené quotidiennement, en de multiples occasions, à recueillir des informations, questionner votre interlocuteur, vous assurer d'avoir compris son point de vue, sa demande. La qualité du questionnement et de la reformulation est essentielle pour la compréhension réciproque et la qualité de l'échange. Examinons ces deux techniques.

LE QUESTIONNEMENT

Écoutons Alain et Marine.

> Alain, acheteur, s'occupe de l'approvisionnement de matériel de bureau et fait partie d'une équipe de cinq acheteurs, pilotée par Marine, qu'il rencontre.

Alain : « Marine, as-tu validé l'accord avec Favert ? »

Marine : « Tu me parles de quoi, Alain ? »

Alain : « Eh bien de l'achat de papeterie ! »

Marine : « Mais plus précisément ? »

Alain : « De notre nouveau contrat pour les ramettes de papier de 80 grammes. »

Marine : « Oui, je l'ai sous le coude. »

Alain : « Mais que penses-tu de leur dernière proposition financière ? Je leur ai demandé un règlement à 90 jours. »

Marine : « Ah, tu souhaites donc savoir si je suis d'accord avec ta proposition ? »

Alain : « Oui. »

Que pensez-vous de l'efficacité de ce dialogue ? Il a fallu attendre la dernière question pour que Marine comprenne l'objet de la demande d'Alain. Comment Alain aurait-il pu procéder ? En variant les types de questions d'une façon appropriée à son objectif.

Ainsi, au début de l'entretien, il a utilisé des questions fermées, qui induisent des réponses fermées. Il aurait pu d'emblée utiliser une question plus ouverte, comme : « Marine, que penses-tu de l'accord pris avec Favert pour le paiement à 90 jours ? »

Dans les échanges avec votre manager, selon votre objectif, utilisez cette boîte à outils des questions. Cela vous garantira une efficacité maximale.

LES DIFFÉRENTES QUESTIONS

TYPE	EXEMPLES
Les questions **fermées** : on ne peut y répondre que par oui ou non.	Êtes-vous concerné par cette affaire ? Est-il là ?
Les questions **semi-fermées** : elles portent généralement sur des faits.	Qui, quoi, quand, où, comment, combien ?
Les questions en forme d'**alternative.**	Préférez-vous attendre ou rappeler ?
Les questions **inductives** (orientées).	Vous saviez qu'il était au courant, n'est-ce pas ?
Les questions **ouvertes.**	Que pensez-vous de ce rapport ? En quoi est-ce difficile pour vous ? Qu'est-ce qui fait que ma demande a été refusée ?

Chaque type de question possède ses avantages, mais présente des inconvénients, en particulier si l'un d'entre eux est utilisé de manière excessive.

les clés pour...

Un bon usage des questions

Fermées

Elles cadrent, permettent d'obtenir une information très précise. Mais elles peuvent aussi gêner l'interlocuteur (sentiment d'interrogatoire) et conduire à recueillir un contenu limité. En effet, la personne se contente alors de répondre à la question posée.

Semi-fermées

Elles sont destinées à recueillir des faits, des informations pratiques, en fonction de la nature des situations. Mais elles peuvent également donner une impression d'interrogatoire.

Développer l'intelligence relationnelle manager-managé

Ouvertes

Elles invitent l'interlocuteur à donner beaucoup d'informations, elles permettent de recueillir ce qui est important pour l'autre. Cependant, elles peuvent avoir l'inconvénient de le déstabiliser ou de l'amener à donner des réponses floues ou hors sujet.

Inductives

Elles permettent de faire passer son message. S'il correspond au point de vue de l'autre, il se sentira compris, en revanche, s'il y a désaccord, il se sentira manipulé.

Pour être efficace, en fonction du résultat visé, le mieux est de mixer ces différentes questions. C'est comme en cuisine, tout est une affaire de dosage et de combinaison des ingrédients. Néanmoins, la question ouverte est celle qui vous permettra de mieux comprendre les points de blocage ou l'opinion de votre manager.

LA REFORMULATION

Les techniques de reformulation complètent le recueil d'informations effectué grâce aux questions. La reformulation s'avère incontournable dans une situation d'échange. Ainsi, si nous reprenons notre exemple, Marine aurait pu, grâce à la reformulation, clarifier la demande d'Alain : « Alain, tu souhaites savoir si je suis d'accord avec ce contrat, c'est bien cela ? »

La reformulation sert à montrer que vous écoutez votre manager ou tout autre interlocuteur. Elle permet de contrôler votre propre compréhension et de vous assurer de celle de l'autre. Elle aide à prendre de la distance, à réfléchir et est particulièrement utile pour « se poser » et éviter de répondre du tac au tac en situation tendue. Autre avantage : elle sert à cadrer une personne qui s'éparpille.

On distingue quatre types de reformulation ou feed-back.

- **La répétition :** elle consiste à reprendre les mots utilisés par votre interlocuteur. Elle ne garantit pas la compréhension du sens des propos. « Allez salle 23, soins postopératoires », « Je vais salle 23, pour les soins postopératoires ? »

- **Le reflet :** elle consiste à exprimer à nouveau l'idée avec d'autres mots, d'autres tournures de phrases. « Je souhaite qu'on prenne 20 minutes pour retravailler la version du contrat », « On se voit pendant 20 minutes pour finaliser le contrat ? »

- **La reformulation-clarification :** en reformulant le message, le récepteur prolonge une pensée inachevée ou mal exprimée, à partir de ce qu'il comprend et en prenant garde à ne pas interpréter les propos. Cela permet à l'émetteur de clarifier sa propre pensée. « Pour le prochain contrat, j'aimerais m'occuper de la partie en amont, conception et analyse de faisabilité », « Tu souhaites donc être impliqué complètement et plus tôt dans le suivi des dossiers Contrats ? »

- **Le résumé :** les différents éléments du message sont hiérarchisés afin de dégager l'essentiel avec concision. C'est une synthèse.

Argumenter

Pourquoi soigner la qualité de son argumentation lorsqu'on veut convaincre son manager ? Chacun a, d'un événement donné, une perception, une représentation différente de l'autre (le cadre de référence, évoqué en début de chapitre). Ainsi, lorsqu'on échange avec des collègues, il est rare que l'on ait tous un sentiment identique à propos d'un même contexte. Si nous faisons une analogie avec un territoire et sa carte, le territoire est la situation en question, la carte en est la vision, la représentation. Le territoire est unique, mais il peut exister autant de cartes que de personnes.

Que ce soit pour faire une intervention brève, défendre un argumentaire lié à un projet, il est important que les deux cartes, la vôtre et celle de votre manager, soient les plus proches possible. Nous allons donc vous proposer des méthodes pour réaliser votre carte.

POUR UNE INTERVENTION BRÈVE AUPRÈS DE VOTRE MANAGER

Adoptez un plan simple, structuré, qui présente de façon ordonnée les différents aspects de votre demande, par exemple :

- les aspects du sujet abordé (financier, social, technique…) ;

- les étapes chronologiques (passé, présent, avenir) ;

- quoi (sur quoi porte le projet), pourquoi (ce projet est-il important, à quels besoins répond-il ?), comment (le traiter).

Donnez des données chiffrées et des exemples concrets : montant du budget prévisionnel, temps d'amortissement, composition du groupe projet (qui fait quoi), modalités pratiques (réunion de deux heures vendredi matin, par exemple)…

La conviction par les mots : votre style doit être affirmatif, dynamique, orienté vers l'action, persuasif. « Je vais mettre en place », « Je peux… » Vous devez aussi rassurer : « Les moyens sont mis en œuvre pour une livraison à telle date, j'ai eu confirmation du fournisseur ». Évitez les « peut-être », « essayer de… », qui inquiètent.

Si vous êtes embarrassé par une question, soyez sincère ; dire « Je ne sais pas » est tout à fait honorable, cela dénote votre professionnalisme et une bonne confiance en vous. Notez la question et engagez-vous sur un délai : « Pour être sûr de vous répondre avec exactitude… », « de vous communiquer les bons chiffres… », « je préfère… », « je vous confirme par e-mail demain … »

63

ARGUMENTER ET CONVAINCRE EN PRÉSENTANT UNE PROPOSITION

Nous avons insisté sur l'importance du dialogue, de l'écoute, de la prise d'initiative dans la communication. Or, le but d'un échange avec son manager n'est pas seulement d'informer, de sensibiliser mais de convaincre et de faire agir. Pour cela, cherchez à vous représenter le point de vue de votre manager pour bâtir un argumentaire adapté.

Convaincre avec la raison.
Persuader avec le cœur.   ⟹   **Faire adhérer**

Argumenter ne s'improvise pas. Contrairement à M. Jourdain, on ne peut pas faire de la prose sans le savoir. Pour vous préparer, vous devez balayer tous les arguments pertinents, les structurer, développer un fil conducteur. Noter vos idées vous permettra de les clarifier, de les structurer. Vous aurez plus d'aisance lors de la réunion avec votre manager. Un support écrit aide à garder le fil et à s'adapter avec souplesse aux réactions de l'autre.

LES ÉTAPES POUR PRÉPARER L'ARGUMENTATION

*   Analyser les enjeux, prendre en compte les objectifs et contraintes du manager. En effet, quel que soit le bien-fondé de vos objectifs, il ne les entendra que s'il se sent concerné par des propositions ou demandes réalistes.

*   Choisir les arguments pour convaincre et persuader en fonction de sa sensibilité : est-il plutôt sensible aux faits, aux méthodes proposées, au caractère innovant des idées présentées ou encore aux personnes ?

Prenons une situation et examinons la manière de la présenter selon ces quatre points de sensibilité.

> Une assistante, Fabienne, propose de modifier la procédure de frais : elle propose d'utiliser deux couleurs, une dédiée aux dépenses réglées avec la carte bleue personnelle, l'autre destinée à celles qui sont payées avec la carte de crédit de l'entreprise.

COMMENT SUSCITER L'ÉCOUTE ET L'INTÉRÊT DU MANAGER ?

S'il est tourné vers les faits

*   Mettez l'accent sur les résultats et énoncez la conclusion dès le début.

*   Présentez rapidement la meilleure recommandation, évitez de proposer de nombreuses solutions optionnelles.

*   Soyez aussi bref que possible.

*   Soulignez l'aspect pratique des idées proposées.

> Ainsi Fabienne aura comptabilisé le temps passé à rectifier les erreurs au cours des deux derniers mois. Elle valorisera le bénéfice attendu du fait de l'utilisation de deux couleurs et l'aspect pratique de sa suggestion, très facile à appliquer par tous.

S'il s'intéresse aux méthodes

*   Soyez précis en exposant les faits. Organisez votre exposé de façon logique : le cadre général, la situation actuelle, le résultat prévu.

*   Présentez vos recommandations par catégories.

- Prévoyez des options, d'autres solutions en indiquant précisément les avantages et inconvénients pour chaque solution.
- Déroulez votre présentation de façon méthodique : étape 1, étape 2…

> Fabienne mettra donc en valeur les étapes de sa proposition : comment le changement de support va être présenté aux salariés puis mis en place.

S'il s'intéresse aux idées

- Ne vous impatientez pas si votre manager fait une digression.
- Dès le début, efforcez-vous de lier votre argument à une thématique plus large.
- Soulignez le caractère original, novateur de l'idée ou du thème abordé.
- Mettez l'accent sur la valeur ou l'incidence de l'idée proposée pour l'avenir.

> Fabienne présentera son projet dans le cadre de l'amélioration continue de la qualité, de l'utilité de cette démarche pour l'entreprise.

S'il s'intéresse aux facteurs humains

- Prenez le temps d'établir le contact, ne vous lancez pas immédiatement dans l'argumentation.
- Soulignez les liens entre la proposition et les personnes concernées.
- Montrez l'impact que l'apport d'une amélioration a eu précédemment pour les personnes.
- Soulignez les bénéfices pour les collaborateurs.

> Fabienne insistera sur le confort pour les personnes : elles conserveront le même formulaire, auquel elles sont habituées, et auront simplement à être attentives au choix de la couleur.

D'une manière générale, les managers sont très sensibles à l'argumentation basée sur les faits. Vous pouvez détecter d'autres points de sensibilité aux arguments méthodes, idées, aspects humains pour renforcer votre capacité à convaincre.

ANTICIPER LES OBJECTIONS ET PRÉPARER SA RÉFUTATION

Plus vous vous serez préparé à argumenter, à traiter les objections, plus vous serez convaincant et fluide dans vos échanges.

Le tableau qui suit vous aidera à vous y préparer. Il comporte trois types d'informations : arguments, objections possibles, réfutations.

Arguments : ce sont vos propositions, vos idées.

Objections possibles : face à chaque argument présenté, vous devez anticiper les points de désaccord, les critiques susceptibles d'être apportées par votre manager.

Réfutations : à partir des éléments précédents, développez votre contre-argumentation.

> Prenons un exemple : vous souhaitez faire sous-traiter une activité (saisie, mise en forme, édition) pour dégager du temps à consacrer à un projet.

PRÉPARATION D'ARGUMENTAIRE

Arguments	Objections possibles	Réfutations
Activité sans valeur ajoutée.	Cela fait partie de votre mission.	J'ai des priorités plus importantes liées à mes missions, du temps sera dégagé pour mes activités à valeur ajoutée.
Facilement externalisable (prestataires fiables, à faible coût).	Il y a un coût, ce n'est pas une priorité budgétaire.	Le coût sera largement compensé par le gain.
Rapide à mettre en œuvre.	Gérer un prestataire prend du temps.	Cela prend moins de temps que de faire soi-même, le prestataire pressenti nous connaît bien et respecte les délais.

PRÉSENTER UN PROJET IMPORTANT

Vous pouvez être conduit à présenter un projet d'une certaine ampleur. Voici une méthodologie utile pour la réussite de votre projet.

Les étapes à suivre

1. Définir son objectif en répondant à la question suivante : « À la fin de mon intervention, qu'est-ce que je veux que mon manager sache, pense, fasse, ressente ? »

2. Utiliser le schéma suivant *(figure 3.2)* pour bien situer son projet. Il comporte quatre axes.

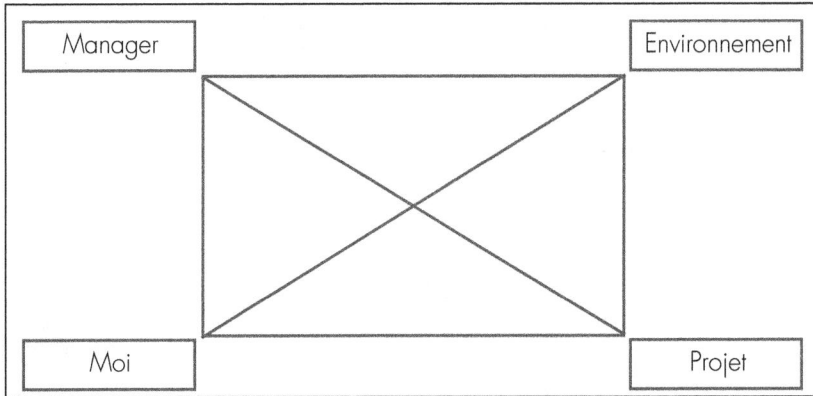

FIGURE 3.2. LES AXES D'UN PROJET.

Ces quatre axes, points d'appui, sont incontournables. Chacun d'entre eux est relié à l'autre, leurs relations constituent un guide de questionnement. Examinons les liens entre les quatre axes à travers un exemple.

Vous voulez proposer à votre manager, au nom de vos collègues, un projet de réaménagement de l'espace de travail. Huit personnes sont concernées.

– Axe **manager/projet :** recenser quels intérêts votre manager aura pour ce projet, en quoi cela peut le motiver. Par exemple, ce projet l'intéresse car il permet de faciliter les échanges d'informations au sein de l'équipe, il contribue à une meilleure ambiance entre les personnes.

– Axe **manager/environnement :** ce en quoi ce projet est cohérent avec la stratégie de l'entreprise, avec les objectifs du manager et avec ses moyens. Par exemple, le réaménagement du bureau est-il compatible avec la politique d'aménagement des lieux ? Le manager a-t-il ou peut-il obtenir le budget nécessaire ?

– Axe **environnement/moi :** quels sont les risques que je prends dans ce projet, vis-à-vis de l'entreprise ? Qu'ai-je à gagner et à perdre ? Par exemple, suis-je la bonne personne pour présenter ce projet de réaménagement du bureau (notamment vis-à-vis de mes collègues) ? Quelles sont les conséquences, les risques ?

– Axe **manager/moi :** comment ma démarche va-t-elle être perçue par mon manager ? Suis-je légitime à ses yeux ? Quelles sont les consé-quences possibles dans mes relations avec lui ?

– Axe **projet/environnement :** ce projet est-il adapté à notre contexte de travail ? Est-il pertinent ? Mes collègues vont-ils adhérer ? Quels peuvent être les freins ?

– Axe **moi/projet :** quels sont mes atouts pour conduire ce projet ? Quelle est ma légitimité ?

1. Quels sont les messages clés, les idées force, mes arguments ? Tout lister en vrac.

2. Structurer le développement. Décider ici du plan de l'intervention.

3. Classer les idées. Prévoir les enchaînements, les éléments explicatifs.

4. Préparer la conclusion. Elle résume les idées clés, propose des solu-tions, donne une ouverture sur l'avenir.

5. Préparer l'introduction. Elle doit inciter le manager à vous écouter, c'est l'accroche, en trois étapes : situer le cadre de l'intervention, poser le problème, indiquer le plan de l'intervention.

Vous trouverez en annexe *(p. 135)* une liste de conseils pour mieux faire passer vos idées.

Les entretiens de management

L'ensemble des outils et techniques développés dans ce chapitre sont indispensables pour communiquer efficacement au quotidien avec vos collègues et votre manager.

Ils sont particulièrement utiles lors des entretiens à fort enjeu que sont les entretiens d'appréciation.

L'ENTRETIEN D'APPRÉCIATION

C'est un moment privilégié pour faire le point avec votre manager sur votre poste, vos missions et pour étudier les possibilités concrètes de progrès.

Pour réussir votre entretien, voici quelques conseils.

- Préparez-le tout au long de l'année, en collectant des faits significatifs : des réussites, les efforts particuliers fournis, vos réalisations en lien avec les objectifs fixés.

- L'entretien est un moment privilégié d'écoute et d'échange avec votre manager. Soyez détendu, à l'écoute, adoptez un état d'esprit constructif.

- Accueillez le feed-back de votre manager : recevoir un retour sur la manière dont on est perçu est toujours intéressant.

- Recadrez les critiques qui vous paraissent non fondées en argumentant avec des faits et des exemples précis.

- Soyez force de proposition sur les objectifs et les moyens dont vous avez besoin pour atteindre les objectifs fixés par votre manager.

- Émettez des réserves ou des commentaires si vous estimez que les objectifs fixés pour l'année à venir vous semblent irréalistes.

- En cours d'année, n'hésitez pas à demander à faire un point intermédiaire à votre manager, notamment si vos activités ont changé, si vous rencontrez des difficultés pour atteindre vos objectifs.

> Un bon objectif est SMART : **spécifique** et simple, **mesurable** ou observable, **approuvé** par les deux parties, **réaliste** et réalisable, situé dans le **temps.**
> Vous trouverez en annexe *(p. 136)* un guide pour préparer votre entretien d'appréciation, ainsi qu'une liste de verbes associés à des compétences.

Test : êtes-vous acteur du développement de vos compétences ?

Pour chacune des dix affirmations, mettez une croix dans la case :

*A, « **Tout à fait moi** », si vous adoptez toujours cette attitude ou ce comportement ;*

*B, « **Me ressemble** », si vous adoptez souvent cette attitude ou ce comportement ;*

*C, « **Un peu moi** », si vous adoptez très peu cette attitude ou ce comportement ;*

*D, « **Pas du tout moi** », si vous n'avez pas l'expérience de cette attitude ou de ce comportement.*

Affirmations	a	b	c	d
1. Je pense qu'à partir de quarante ans on ne peut plus rien apprendre de nouveau et que l'on peut seulement consolider ses acquis et ses expériences.	❑	❑	❑	❑
2. Je n'ose pas demander une formation quand l'entreprise traverse des difficultés économiques.	❑	❑	❑	❑
3. Je suis prêt à consacrer des week-ends et des soirées à enrichir mes compétences.	❑	❑	❑	❑
4. Au moins une fois par an, je me « pose » pour faire un bilan personnel et réfléchir à ma trajectoire professionnelle future.	❑	❑	❑	❑
5. Si je demande à mon manager une formation et qu'il me répond « Je vais y réfléchir », je lui demande de me préciser quand il me donnera sa réponse.	❑	❑	❑	❑
6. Je suis attentif aux compatibilités entre mes priorités professionnelles, celles de ma fonction actuelle, personnelles et sociales.	❑	❑	❑	❑
7. J'associe ma famille à mes réflexions et démarches concernant l'enrichissement de mes compétences.	❑	❑	❑	❑
8. Dire que l'on a besoin de se former est un aveu de faiblesse professionnelle.	❑	❑	❑	❑
9. Je n'ai aucune idée des droits et des possibilités offertes dans le cadre de la formation professionnelle continue et de la validation des compétences.	❑	❑	❑	❑
10. J'estime que c'est mon manager qui doit me proposer des actions de formation.	❑	❑	❑	❑

Dépouillement du test

Entourez pour chaque affirmation la valeur qui correspond à votre réponse.

Ensuite, totalisez les valeurs encadrées par type de réponse A, B, C, D.

Faites le total.

Affirmation	a	b	c	d
1	0	5	10	20
2	0	5	10	20
3	20	10	5	0
4	20	10	5	0
5	20	10	5	0
6	20	10	5	0
7	20	10	5	0
8	0	5	10	20
9	0	5	10	20
10	0	5	10	20
Total				

Résultats

Entre 0 et 50 points : fataliste.

Pour l'instant, vous ne semblez pas vouloir consacrer de l'énergie à enrichir vos compétences et gérer votre trajectoire professionnelle. Peut-être ignorez-vous les possibilités qui sont offertes par le droit, les financements et les institutions de formation publiques et privées.

Parlez de vos projets et de vos envies à vos proches, renseignez-vous, osez demander...

Entre 51 et 100 points : sur la réserve.

Fini le temps où seul l'employeur se préoccupait de la carrière de ses collaborateurs en leur proposant systématiquement des séminaires et des actions de formation. De plus en plus, les carrières « automatiques » font place aux trajectoires professionnelles managées par les intéressés eux-mêmes.

Suivez donc le bon conseil de nos grands-mères : « Aide-toi et le ciel t'aidera ».

Entre 101 et 150 : stratège.

Vous appliquez consciemment ou inconsciemment les méthodes de stratégies transposées à votre propre trajectoire professionnelle. Vous semblez prêt à consacrer de l'énergie au développement de vos compétences. Vous tenez compte des contraintes et des données de votre environnement professionnel et familial.

Associez le DRH et votre manager à vos démarches pour obtenir des contreparties à vos efforts.

Entre 151 et 200 : maître de votre destin professionnel.

Vous êtes sûrement prêt à remettre en cause votre passé professionnel pour réorienter, voire changer votre futur. Vous savez qu'il vous en coûtera quelques sacrifices, en particulier du temps et des efforts. Le cas échéant vous seriez capable de prendre le risque de quitter votre entreprise.

Vérifiez avec eux si vos proches sont prêts à vous accompagner dans cette prise de risque.

les clés pour...

Bien communiquer
« On ne peut pas ne pas communiquer » :
on communique toujours, qu'on le veuille ou non. Les expressions et les gestes sont les premiers outils de communication.

Les ingrédients essentiels de la communication :
la **qualité de la relation** (écoute, ouverture), le **processus** (interactions, questionnement, reformulation) et le **contenu** (concision, clarté des idées présentées) doivent être combinés et dosés à bon escient.

Ce que nous avons communiqué, c'est ce que l'autre a compris :
nous sommes responsables de la manière dont le message est transmis et perçu.

En matière de communication, ce n'est pas l'intention qui compte, mais le résultat obtenu :
nous devons argumenter pour convaincre, en nous adaptant aux points de sensibilité de l'autre.

En situation de communication, celui qui a le plus d'options et le plus de flexibilité est celui qui a le plus de pouvoir.

Chapitre 4

Que faire en situation de conflit et face aux personnalités difficiles ?

Nous vous avons présenté les outils indispensables pour développer son intelligence relationnelle et favoriser une bonne synergie. En vous appuyant sur ces outils, ces méthodes, vous instaurez un climat de confiance et minimisez le risque de conflits. Toutefois, certains surviennent parfois brutalement, de manière imprévisible, et vous pouvez vous sentir dépassé, démuni. Pourtant, il faut agir et ne pas reporter l'échéance de son traitement.

« Ce n'est pas parce que c'est difficile que nous n'osons pas, c'est parce que nous n'osons pas que c'est difficile. » (Sénèque.)

L'objet de ce chapitre est de vous donner des grilles de lecture sur les conflits : leurs origines, leurs causes, leurs natures. Nous vous proposons des méthodes qui vous permettront d'y faire face et de les gérer. Vous trouverez également des indications sur les styles de personnalité et sur les comportements possibles en situation de stress.

Les conflits, origines, causes

CE QU'EST UN CONFLIT

Le conflit se définit comme la rencontre de faits, d'analyses, de sentiments contraires, qui s'opposent.

L'existence d'un conflit suppose trois conditions : des personnes, une interdépendance de ces personnes (chaque partie a besoin de l'autre et en même temps dispose d'un certain pouvoir sur l'autre), une frustration. Lorsqu'un individu ou un groupe perçoit l'autre comme un obstacle à la satisfaction de ses préoccupations, cela entraîne alors un sentiment de frustration et peut engendrer des réactions ultérieures dirigées contre l'autre.

FAIRE LA DIFFÉRENCE ENTRE CONFLIT ET PROBLÈME

Le conflit	Le problème
Le conflit est non mesurable. Le conflit est une position, voire un heurt, un choc. Le conflit éclate lorsqu'il y a accumulation d'insatisfactions, résultant d'un ou de plusieurs problèmes non résolus.	Le problème est mesurable. Le problème est un écart entre une situation existante et une situation souhaitée. Le problème génère une insatisfaction tolérable.
⬇	⬇
Le conflit appartient au domaine de l'**émotionnel** et du **relationnel**, il touche la personne dans son identité.	Le problème appartient au domaine du **rationnel**, il concerne la capacité à raisonner et à échanger de manière logique et dépassionnée.

LES STRATÉGIES INDIVIDUELLES DE RÉSOLUTION DE CONFLITS

Face à une situation de conflit, il existe cinq types de comportements possibles.

L'évitement

D'ordinaire, on cherche toujours à résoudre les conflits et à trouver une issue. Cette dernière, pour certains, consiste tout simplement à les éviter, par crainte d'une manifestation d'agressivité ou de ne pas savoir gérer, canaliser et traiter. C'est la politique de l'autruche, « Je cache ma tête dans le sable et j'attends »… Avec votre manager, mieux vaut oser aborder cette situation pour la résoudre afin d'éviter une fuite en avant dommageable à moyen terme.

L'attente

Certains considèrent que les conflits sont inévitables et qu'ils ne doivent pas être désamorcés trop tôt. Cette approche est utile lorsque les émotions sont trop fortes. Cela permet de prendre du recul et de calmer le jeu. Dans tous les cas, il faudra traiter sérieusement le conflit, car laisser passer le temps ne fera qu'empirer et rendre la situation plus complexe. C'est une question de dosage de temps, entre laisser retomber la pression et fuir.

L'affrontement

Le collaborateur et le manager montent au créneau. Les tenants et aboutissants de cette stratégie laissent en général un gagnant et un perdant. La relation à long terme et la confiance ne sont plus possibles.

La manipulation

On peut penser être fin diplomate en cachant certaines informations ou en masquant son objectif, mais *in fine* les personnes concernées se sentiront immanquablement trahies, et le conflit s'amplifiera sourdement pour finir par éclater.

Le réalisme

Les plus réalistes, enfin, considèrent que les conflits font partie de la vie et qu'il faut les traiter pour évoluer. En stratèges, ils analysent la situation, font des diagnostics et identifient leur capacité d'influence et d'action. Ils mettent à plat les positions et cherchent une solution.

Le conflit est utile car il apporte des informations, permet la confrontation. Il révèle les contradictions cachées dans le système. Il fait sortir de l'inertie et de la passivité et apporte du changement. Bien géré, il favorise la coopération, la créativité, la résolution de problème.

> C'est notre façon de traiter le conflit qui va le rendre positif ou négatif.

LES CAUSES LES PLUS FRÉQUENTES DE CONFLIT

Les conflits sont souvent en corrélation avec le pouvoir exercé par les individus. Examinons ces relations conflit/pouvoir et ce qui les sous-tend.

Les relations de pouvoir exercées de manière abusive et inefficace

La **prise de pouvoir**, c'est l'emprise d'une personne sur son environnement professionnel au-delà de son rôle. Par exemple, un collègue gestionnaire donne des instructions à un autre, alors qu'il n'a pas de rôle hiérarchique vis-à-vis de lui.

Le **statut dans l'entreprise** : un directeur s'ingère dans les délégations que ses cadres ont mises en place ; ou un salarié qui va voir le N+2 (il s'agit du responsable hiérarchique de votre manager) afin de lui présenter une requête. Le N+2, sans consulter le N+1, décide de la conduite à tenir.

L'**ambition** : un manager s'approprie le succès de son équipe vis-à-vis de sa direction.

Le pouvoir résultant de la fonction exercée

La **prise de décision** : le fait que le manager tranche et prenne une décision sans consulter l'équipe, suscite la désapprobation et le mécontentement des collaborateurs.

Les **échanges d'information** (déformation, rétention) : un chargé de clientèle ne transmet pas tous les éléments, de façon délibérée ou involontaire. Il risque de mettre en échec une négociation avec un client.

Les **objectifs et priorités** de la fonction, du service : des collaborateurs dans une même équipe ont des objectifs parfois contradictoires. Le commercial doit développer son chiffre d'affaires, le gestionnaire doit facturer rapidement et éviter la prise de risque liée à des impayés.

Autres sources de conflits

Le système dans lequel les personnes évoluent

Une **organisation** différente : des changements d'organisation peuvent être sources de perturbation.

Le **statut** du personnel : des personnes en CDI et CDD ont les mêmes activités et des rémunérations différentes.

Le **mode de rémunération** : certains ont des primes et d'autres pas, et parfois sur des critères flous.

La culture d'entreprise

Des divergences de **points de vue** : l'arrivée de managers à profil international dans une culture fortement locale.

Une **perception de la réalité** différente : des cultures différentes suivant les directions de l'entreprise (commercial/finance/informatique…).

La personnalité de chacun

Le mode de fonctionnement, le manque d'ouverture *(voir le chapitre 3)*.

Les convictions personnelles

Les **valeurs** : le collaborateur est très attaché à sa liberté et vit mal son manque d'autonomie et les fréquents contrôles exercés par le manager.

Les **opinions/idéologies** : la personne juge rapidement un comportement sans vérifier au préalable le bien-fondé de cette opinion.

Vous l'avez constaté, les causes sont nombreuses et dépendent de nombreux critères. Selon les objectifs individuels d'une personne, l'autre peut apparaître comme un moyen, un obstacle, une finalité utile.

La nature des conflits

Voici la démarche à suivre pour identifier les caractéristiques de la nature des conflits.

DIAGNOSTIQUER

Il arrive fréquemment que l'objet d'un conflit ne soit pas clairement exprimé. Les interlocuteurs n'en parlent pas mais le vivent de manière confuse et implicite. Sous-entendus, quiproquos, sentiments non exprimés créent un sentiment de malaise. Une première approche consistera donc à rechercher sur quoi porte précisément le désaccord.

Il existe **quatre catégories fondamentales de litiges** qui peuvent se recouper. Elles portent sur différents éléments :

- Les faits : chacun les perçoit de façon différente et donne son interprétation ou sa conviction. Autre possibilité : les données possédées par chacun sont différentes.

- Les buts : les désaccords portent sur l'objectif à atteindre.

- Les méthodes : les personnes sont d'accord sur le but, mais la stratégie ou la tactique diffèrent (plan méthodologique, pratique).

- Les valeurs : le différend porte sur le critère d'appréciation (sur le plan moral, politique, déontologique).

Les désaccords sur les faits

Chacun possède et rapporte des faits différents concernant le même problème, a tendance à refuser les données et à voir la réalité de son point de vue. Par exemple, un collaborateur soutient qu'une note a circulé sur un sujet, un autre dit le contraire. Pour s'en sortir, il faudrait, entre autres solutions, procéder à une enquête.

Les désaccords sur les buts

Les deux interlocuteurs peuvent être en désaccord sur les buts à atteindre. Il est fréquent qu'un manager impose, sans accepter de les négocier, des objectifs collectifs ou individuels que les collaborateurs jugent irréalistes, trop difficiles à atteindre.

Les désaccords sur les méthodes

Le conflit sur les méthodes porte sur la marche à suivre, les procédés utilisés pour atteindre un résultat ou sur les stratégies propres à chacun pour l'obtenir.

Ainsi, effectuer une période de test ou obtenir un arbitrage de la hiérarchie peut être un moyen de résoudre ce blocage.

Les désaccords sur les valeurs

Ces désaccords portent par exemple sur la politique, sur la façon d'exercer l'autorité, sur ce que l'on estime important dans les relations avec autrui. Par exemple, un collaborateur n'arrive pas à atteindre les normes de quantité (il s'agit de lenteur et de limite de compétence). Votre manager veut le rétrograder, vous non (vous managez cette personne en relation non hiérarchique).

La solution consisterait à confronter chaque point de vue et les principes qui les sous-tendent.

Il ne faut pas croire, au vu de cette distinction, que pour identifier un conflit on puisse en trouver facilement la nature. Parfois, plusieurs critères peuvent être imbriqués, et l'identification des causes et de la nature en est d'autant plus difficile et délicate.

COMPRENDRE

Pour mieux comprendre un conflit, il convient de se poser trois questions.

- Les personnes concernées par le conflit ont-elles eu accès à toutes les formations ?
- Ont-elles perçu les données communes de manière différente ?
- Comment chacun est-il influencé par son statut ?

Trois facteurs entrent généralement en jeu dans les conflits.

Les informations

Rappelez-vous la vieille légende des aveugles et de l'éléphant. Chacun des aveugles était entré en contact avec une partie différente de l'éléphant, leur désaccord quant à la nature de l'animal fut violent.

En effet, chacun possède des données limitées et partielles et pourtant est persuadé d'avoir toutes les données.

L'interprétation

Chacun interprète l'information à sa façon et ajoute aux données brutes toute une série d'expériences vécues, qui lui font percevoir la réalité à travers son filtre.

Le rôle

Certaines prises de position ne sont compréhensibles qu'au regard de la fonction que chacun occupe et du rôle qu'il pense devoir jouer dans l'organisation.

CLARIFIER

Le contenu émotionnel de la relation, pendant un conflit, est fort et rarement verbalisé. Il s'exprime souvent par des comportements non verbaux, le ton et le débit de la parole.

Clarifier, c'est oser dire à son manager qu'on le comprend puis revenir à l'analyse objective des faits, c'est trouver les mots justes pour exprimer de manière adaptée les sentiments que l'on éprouve, c'est montrer à l'autre qu'il ne s'agit pas de mettre en cause sa personne mais de résoudre une difficulté.

La phase de discussion

C'est le moment où les opinions discordantes commencent à émerger, elles apparaissent dans les questions posées, les arguments employés, les réponses toutes faites. Les deux interlocuteurs campent sur leurs positions, chacun cherche à prouver qu'il a raison et que l'autre a tort.

Un outil d'aide à la clarification : la méconnaissance et ses manifestations

Pour résoudre un conflit, il convient tout d'abord de bien repérer où en sont les protagonistes dans leur appréciation de la situation, de situer leur degré d'implication dans la recherche de solutions. La grille des niveaux de méconnaissance illustre les situations possibles. On dénombre cinq niveaux, qui vont du déni à l'acceptation du problème et à la volonté de le résoudre.

les niveaux de connaisance

1er niveau : le déni
Je nie les faits, « Non ! Il ne manque pas de pages !», « Je t'ai adressé les éléments en temps voulu, j'ai fait ce que j'avais à faire ». Action : mettre en évidence les faits, rechercher les informations.

2e niveau : l'importance du problème n'est pas reconnue
Je reconnais les faits mais je nie qu'ils posent problème, « Bon, il manque les annexes... et alors ? Personne ne les lit jamais ! » Soit l'importance est minimisée, soit elle est exagérée. Dans tous les cas, ça ne permet pas de résoudre le problème.
Action : sensibiliser sur les conséquences si rien n'est entrepris.

3e niveau : il n'y a pas de solution pour résoudre le problème
Je reconnais les faits et leurs conséquences mais je nie l'existence d'une solution possible. « De toute façon, c'est chez l'imprimeur : on ne peut plus rien faire ! »

Action : quelles sont les ressources à mobiliser ? Quelles solutions, quelles options trouver ? Il faut parfois sortir du cadre habituel pour cela.

4e niveau : sur ma capacité personnelle à résoudre le problème

Je reconnais les faits, leurs conséquences. J'ai des pistes pour des solutions possibles mais je ne me sens pas concerné par la mise en œuvre d'une solution. « On peut encore faire la modification, mais ce n'est pas moi qui ai signé le bon à tirer : ce n'est pas à moi d'appeler l'imprimeur ! »

Action : bilan à faire sur ce qui a déjà été fait, ce qu'il reste à développer.

5e niveau : oui, il y a un problème ; oui, je suis OK pour faire quelque chose

Ces deux « oui » sont le minimum requis pour résoudre efficacement le problème.

Le règlement du conflit ne peut s'envisager qu'à partir du cinquième niveau.

Sortir du conflit

Pour sortir du conflit, il est important de prendre du recul, d'écouter, d'adopter une posture constructive… comme nous l'avons évoqué précédemment, mais il faut aussi être attentif aux pièges de l'attaque, de la culpabilisation. Quelle est la conduite à tenir pour cela ?

S'EXPRIMER EN SON NOM

Pourquoi est-il utile de dire « je » ? Parce que le « tu » peut être vécu comme une attaque. Le « je » diminue le risque que l'autre contre-attaque ou se défende. Le « je » n'accuse pas et permet d'exprimer votre ressenti. Cela vous appartient.

Dire « Je me sens bloqué lorsque tu réponds au téléphone quand je te parle » est très différent de « Tu me prends vraiment pour un moins que rien quand tu réponds au téléphone alors que je te parle »…

Acquérir les bons réflexes pour lever les zones de blocages

Être bien dans sa peau

Détendez-vous. Faites le plein de choses agréables pour vous, physiquement et psychologiquement.

Préparez-vous : installez-vous confortablement avant la rencontre et imaginez le film positif de la future rencontre avec votre responsable.

Structurer l'échange

Précisez la durée de l'entretien. Rappelez l'objectif commun qui vous réunit. Insistez sur les bénéfices réciproques de la résolution du conflit.

Se donner des règles du jeu pour mieux communiquer

Par exemple : laisser terminer celui qui parle.

Être à l'écoute et faciliter les échanges et l'expression des besoins

Tenez-vous-en à des faits, donnez des éléments précis. Reformulez les propos de l'autre. Durant certaines phases conflictuelles, cette méthode aide les deux parties à prendre de la distance. Le récepteur, en reformulant ce qui vient d'être dit, évite de répondre du tac au tac, l'émetteur peut lui aussi prendre du recul par rapport à ce qu'il vient de dire et nuancer ou rectifier : « Ah, ce n'est pas exactement ce que je voulais dire. »

Identifier les attitudes culpabilisantes et amener l'autre vers une démarche constructive

À l'origine du conflit, nous l'avons évoqué, il y a une frustration. La personne insatisfaite, sous l'emprise de la colère, peut vite basculer vers la culpabilisation et le reproche : « Mais **pourquoi** as-tu fait cela ? », « Je t'avais **pourtant** dit que… » Elle se focalise alors sur ce qui ne va pas, ce qui est inefficace et peut entraîner son interlocuteur vers une attitude défensive. Reconnaissez l'erreur et amenez l'autre vers une recherche de solution en lui proposant des actions concrètes, avec des échéances pour résoudre le problème.

Terminer l'entretien dans une logique « gagnant/gagnant »

Acceptez de lâcher prise. Proposez ou acceptez une solution qui soit satisfaisante pour les deux parties, il faut deux gagnants et non un gagnant, un perdant.

Arrêter le cercle vicieux du conflit

Si le conflit s'envenime, si les personnes concernées se laissent happer par la spirale de l'agressivité, mieux vaut stopper la discussion. Poursuivre le débat ne sert à rien, s'il n'y a pas plus d'écoute réciproque. En outre, les paroles prononcées peuvent être blessantes et dépasser la pensée. Préservez la relation et, si besoin, faites appel à un tiers.

COMMENT DÉJOUER LES PIÈGES LIÉS AU CONFLIT

Commencer par repérer les pièges

Cette liste décline les pièges les plus courants.

- **L'attaque personnelle** : c'est la remise en question de l'individu, le jugement porté sur la personne et non sur des actes. Vous vous sentez alors discrédité, déprécié, dévalorisé.

- **Les preuves non valides** : des chiffres faux, des données partielles, insuffisantes, sélectionnées arbitrairement, des sources non fiables, une comparaison entre des éléments non comparables.

- **L'équivoque** : utilisation d'un même mot dans ses diverses acceptions au cours d'une même argumentation.

- **La fausse référence** : appel à une autorité en dehors de son domaine de compétence.

- **L'amalgame** : association de deux éléments qui ne relèvent pas du même registre.

- **Le méli-mélo** : mélange d'éléments d'importance très variable, ce qui a pour effet de semer la confusion.

- **L'alternative** : placer l'interlocuteur devant un choix « truqué », quelle que soit l'hypothèse, il a tort.

- **Le harcèlement** : répéter un propos négatif ou une critique dévalorisante et l'utiliser constamment.

Nommer le piège, en parler

« Attention, ici je vois que vous faites une confusion... » ou évoquer le piège avec humour. Dites que vous ne partagez pas son point de vue et argumentez avec des faits.

Recentrer la discussion et adopter une démarche constructive

Passez du cadre du blâme, comme nous l'évoquions à propos de la culpabilisation et du reproche, à la recherche de solution constructive : c'est ce que l'on appelle la « stratégie d'objectif ». Les caractéristiques de ce type d'attitude sont décrites dans le tableau qui suit.

STRATÉGIE DU BLÂME ET DE L'OBJECTIF

Le cadre du blâme	La « stratégie d'objectif »
Une difficulté, un conflit, une erreur sont des problèmes.	La difficulté, le conflit ou l'erreur sont des occasions de progression et de se donner des objectifs à atteindre.
Nous recherchons les causes du problème avec la question : « Pourquoi ? »	Nous souhaitons atteindre nos objectifs en nous posant la question : « Comment ? »
Nous pensons à ce qui peut nous freiner, nous limiter.	Nous raisonnons en termes de possibilités et de ressources.
En cas d'échec, nous nous culpabilisons ou nous cherchons à culpabiliser les autres.	Les échecs sont des sources d'information et d'apprentissage.
Nous regardons le passé et confortons ainsi nos préjugés.	Nous orientons nos actions vers le futur en faisant preuve de curiosité et en étant motivés.

Les styles de personnalité

COMMENT MIEUX CERNER LE STYLE DE PERSONNALITÉ DE VOTRE MANAGER ?

L'ensemble des comportements d'une personne dépend de la structure de sa personnalité. Mieux se connaître permet de mieux appréhender ses comportements, ses points forts et points faibles. De la même manière, connaître le style de personnalité de l'autre (son manager en l'occurrence) permet de mieux le comprendre, de développer des comportements adaptés et efficaces.

Les différents styles

Celui qui a besoin de contact, pour qui les relations avec les autres sont importantes

- Il est compatissant, sensible, chaleureux.
- Il est attentif aux besoins d'autrui. Il donne de sa personne aux autres.
- Il est proche de ses émotions et est attentif au ressenti des autres.

Celui qui est très axé sur les résultats, sur l'organisation

- Il est logique, responsable, organisé. Il a le goût du détail et de la méthode.
- Il utilise son esprit d'analyse et de synthèse pour traiter les faits et les idées.
- Il aime la recherche et le traitement de l'information, planifier son temps et ses activités.
- Il s'engage et s'implique.

Celui qui entreprend et aime les défis

- Il s'adapte facilement, a beaucoup de ressources, sait rebondir.
- Il aime les sensations fortes, les défis, le prestige.
- Il apprécie les challenges qui exigent des résultats rapides.
- Il est ferme et direct.

Celui qui aime l'humour, prendre une situation à contre-pied

- Il est spontané, créatif, ludique.

- Il aime les contacts, recherche les occasions liées au plaisir.
- Il a besoin de mobiliser son potentiel créatif.

QUELQUES EXEMPLES POUR ILLUSTRER LES STYLES

Activité	Type de personnalité
Alain sert volontiers le café à tout le monde en début de réunion.	**Celui qui a besoin de contact.**
Un collègue raconte une bonne blague avant le début de la réunion.	**Celui qui aime l'humour.**
Un participant relit attentivement ses notes avant la réunion.	**Celui qui est très axé sur les résultats.**
Un collègue raconte le dernier contrat qu'il vient d'emporter.	**Celui qui entreprend.**

Vous avez sans doute repéré une ou deux tendances chez votre manager.

COMMENT S'ADAPTER ?

Celui qui a besoin de contact, pour qui les relations avec les autres sont importantes

Soignez le contact, prenez le temps d'échanger avec lui. Faites attention à la forme de votre communication afin de ne pas blesser la personne.

Celui qui est très axé sur les résultats, sur l'organisation

Structurez vos messages, allez à l'essentiel, apportez des éléments significatifs, veillez aux échéances et faites des feed-back sur l'avancée des dossiers, reconnaissez la qualité de son travail.

Celui qui entreprend et aime les défis

Donnez le meilleur de vous-même, soyez dynamique et optimiste dans la présentation de vos demandes et de vos informations, mettez en perspective les gains, l'intérêt ou la nouveauté d'une proposition.

Celui qui aime l'humour, prendre une situation à contre-pied

Soyez spontané. Acceptez et utilisez l'humour. Mettez l'accent sur l'originalité d'une proposition. Débanalisez vos présentations et soyez créatif.

LES COMPORTEMENTS EN SITUATION DE STRESS

Celui qui a besoin de contact, pour qui les relations avec les autres sont importantes

Il n'ose pas s'imposer, ne prend pas de décision ferme quand cela serait nécessaire. Il peut « ouvrir le parapluie » s'il se sent menacé ou aller au-delà de ce qu'on lui demande : il se « suradapte ». Il peut également perdre ses moyens, se plaindre, devenir moins tolérant.

Celui qui est très axé sur les résultats, sur l'organisation

Il ne délègue pas ou peu, met la pression par rapport aux objectifs fixés. Il devient perfectionniste voire exerce un contrôle excessif. Il perd confiance. Il se sent frustré lorsque les autres ne pensent pas comme lui, peut devenir intolérant et se focaliser sur ce qui ne va pas.

Celui qui entreprend et aime les défis

Il laisse les personnes se débrouiller par elles-mêmes. Il devient exigeant vis-à-vis des autres. Il peut adopter des comportements manipulateurs, ignorer les règles et les transgresser.

Celui qui aime l'humour, prendre une situation à contre-pied

Il peut devenir résistant voire opposant aux propositions en cas de désaccord. Il risque de se désinvestir de son travail. Il peut adopter une attitude négative et revancharde.

FAIRE AVEC LES COMPORTEMENTS DIFFICILES

Face à un manager incisif, voire agressif

Clarifiez, faites préciser si ses propos sont flous.

Laissez-le aller au bout de sa phrase (ce genre d'attaque est généralement bref) et ne l'interrompez pas.

Reconnaissez sa position, respectez ses valeurs et sentiments.

Soyez factuel, clair, logique, pédagogique.

Si vous utilisez des chiffres, citez vos sources pour le convaincre et le rassurer.

Ne cherchez pas à avoir raison s'il ne vous entend pas.

Respirer… encore respirer… toujours respirer. Quoi qu'il en soit, ne pas entrer dans son jeu, ne pas répondre du tac au tac, sinon c'est l'escalade !

Pensez à traiter en tête à tête plutôt qu'en public.

Face à un comportement très autoritaire

S'il fait preuve de méfiance, d'une certaine rigidité, exprimez très clairement vos demandes en respectant scrupuleusement les formes et en faisant souvent référence aux règlements et aux procédures.

Avec un patron autoritaire, mieux vaut être très diplomate : s'il veut vous confier une mission délicate, dites-lui oui pour accueillir sa demande et prenez le temps de la réflexion.

Vous en profiterez pour tout écrire : avantages, inconvénients, bilan chiffré de son projet, risques liés à sa décision afin de le confronter à la réalité.

Puis revenez le voir et présentez un bilan coûts/avantages en lui indiquant que, naturellement, la décision lui appartient. Dites-lui clairement ce que vous faites, pourquoi et comment.

Plus il dispose d'informations claires et précises, moins cela donnera prise à une interprétation de sa part. Respectez les formes, il risque de se froisser facilement.

Maintenez un contact régulier, même informel, afin qu'il n'interprète pas comme une prise de distance l'absence d'informations.

En principe, il appréciera que vous lui ayez évité de commettre une erreur… Laissez-lui toujours le dernier mot.

Face à un comportement « schizoïde »

Il adopte un comportement assez solitaire, il apparaît comme impassible et détaché et ne recherche pas les contacts avec les autres. Il manifeste peu ses émotions et a du mal à communiquer, car il est mal à l'aise dans les relations en face à face ou en groupe.

Évitez de le laisser s'isoler, maintenez le contact, sollicitez son aide, son avis. Permettez-lui de devenir un très bon expert dans son domaine, c'est souvent sa vraie valeur ajoutée.

Face à un comportement anxieux

Il porte une attention permanente au risque, ce qui le conduit à contrôler à l'excès ou à ne pas déléguer. Ne lui faites pas partager inutilement vos propres sujets d'inquiétude et sachez l'utiliser comme un radar de détection des problèmes à venir.

Face à un comportement histrionique (one-man show)

Par son comportement, le manager cherche à attirer l'attention. Il exprime de façon forte ses émotions (voix forte, gestuelle appuyée). Il a tendance à idéaliser ou à dévaloriser de manière trop importante.

Ne vous laissez pas attendrir par ses tentatives de séduction mais montrez-lui de l'intérêt chaque fois qu'il a un comportement « normal ».

Face à un comportement manipulateur

Il flatte, séduit, dissimule, se sert des personnes pour atteindre ses objectifs. Il sait se montrer opportuniste.

Soyez très factuel, ne laissez pas s'installer des zones de flou. Formalisez par écrit vos échanges afin de pouvoir vous y référer si besoin est. Amenez-le à se positionner clairement. Clarifiez précisément les demandes.

Face à un comportement obsessionnel

Il adopte un comportement perfectionniste et obstiné, une certaine froideur relationnelle. Il doute et s'appuie sur une très grande rigueur morale.

Face à cela, ne vous laissez pas entraîner trop loin dans son souci de perfectionnisme, quantifiez les temps passés pour la réalisation des activités, rappelez-lui vos priorités.

Face à un comportement narcissique

Il fait très attention à son apparence physique, à ses privilèges, recherche la reconnaissance. Il a une haute opinion de lui-même. Il manipule autrui pour atteindre ses buts.

Attention à ne pas vous poser en rival. La personnalité narcissique est ambitieuse. Soyez vigilant face à ses tentatives de manipulation : respectez scrupuleusement les usages et les formes. Quand il est sincère, montrez que vous appréciez... et n'attendez aucune gratitude ou réciprocité.

Face à un comportement évitant

Hypersensible, il craint l'échec et peut donc éviter certaines personnes ou certaines situations. Présentez votre demande de façon sécurisante, avec une analyse fine des risques ; montrez-lui que vous avez besoin de son avis.

Tests : conflits, faits, opinions et sentiments

IDENTIFIER LES CONFLITS

Identifiez la nature du conflit pour chaque situation proposée, s'agit-il d'un conflit portant sur les faits, sur les méthodes, buts, valeurs[1] ?

1. Deux collègues s'opposent sur les informations données au cours de la réunion de leur service.

L'un dit : « Nous avons réalisé une progression de 2 %. »

L'autre dit : « Non, la progression est de 5 %. »

2. Un manager et son collaborateur discutent de la manière de conduire un projet.

L'un dit : « Nous devons commencer par l'inventaire des acquis. »

L'autre dit : « C'est idiot, il faut commencer par l'étude de marché. »

3. Deux cadres se rencontrent à la cafétéria, et le ton de la discussion est vif.

L'un dit : « Je ne supporte pas ces jeunes qui mettent leur grain de sel partout. »

L'autre dit : « C'est une manière de voir les choses inadmissible, nous devons nous enrichir des idées des jeunes. »

4. Deux collègues travaillent sur un même projet et doivent soumettre le planning destiné au comité de pilotage qui se réunit dans une heure.

La première veut s'engager sur la remise d'une plaquette en couleurs d'ici deux semaines, et la seconde veut s'engager sur la remise d'une plaquette en noir et blanc d'ici une semaine.

5. Deux collègues s'affrontent énergiquement au cours d'une réunion.

Le premier défend l'idée que le travail demandé doit être réalisé par un prestataire externe, et le second veut traiter lui-même ce travail.

6. Deux responsables de la qualité discutent sur les résultats de l'enquête de satisfaction des clients.

Le premier considère que les résultats se sont améliorés sur 80 % des points, et le second considère que globalement les résultats sont moins bons que lors de la dernière enquête.

7. Deux managers s'entretiennent sur la vision qu'ils ont de leur rôle.

Pour le premier, il s'agit de satisfaire les collaborateurs et les équipes au maximum pour obtenir leur implication dans le travail, pour le second, il s'agit d'arriver au résultat et c'est tout.

---

1. **Réponses**
Situation 1 : faits ; situation 2 : méthodes ; situation 3 : valeurs ; situation 4 : but ;
situation 5 : méthodes ; situation 6 : faits ; situation 7 : valeurs.

Distinguer faits, opinions, sentiments

*Parmi ces dix phrases, quelles sont celles qui relèvent de faits (F),
d'opinions (O), de sentiments (S) ?*

N°	Affirmations	F	O	S
1	Dans le cadre de la démarche qualité, vous avez proposé de mettre en place une fiche de relevé de tous les incidents informatiques classés par nature.			
2	Vous vous intéressez beaucoup aux échanges d'expériences entre collègues.			
3	Cela me fait plaisir de voir que vous vous êtes bien intégré.			
4	J'ai pris ses propos comme une attaque personnelle à mon encontre.			
5	Vous avez tenu quotidiennement un tableau des dépenses relatives aux fournitures de bureau.			
6	Il ne prend pas de décision.			
7	J'ai le sentiment que vous vous ennuyez dans notre service.			
8	C'est super d'avoir réussi cette présentation. Je suis très heureux pour vous.			
9	Avant-hier, le commercial qui était avec moi était absent : je l'ai remplacé à deux reprises pour éviter de laisser certains de ses clients sans réponse.			
10	Depuis un an, nous n'avons plus d'occasions d'échanger des informations sur nos pratiques.			

Réponses

N°	Affirmations	F	O	S
1	Dans le cadre de la démarche qualité, vous avez proposé de mettre en place une fiche de relevé de tous les incidents informatiques classés par nature.	X		
2	Vous vous intéressez beaucoup aux échanges d'expériences entre collègues.		X	
3	Cela me fait plaisir de voir que vous vous êtes bien intégré.			X
4	J'ai pris ses propos comme une attaque personnelle à mon encontre.			X
5	Vous avez tenu quotidiennement un tableau des dépenses relatives aux fournitures de bureau.	X		
6	Il ne prend pas de décision.		X	
7	J'ai le sentiment que vous vous ennuyez dans notre service.		X	
8	C'est super d'avoir réussi cette présentation. Je suis très heureux pour vous.			X
9	Avant-hier, le commercial qui était avec moi était absent : je l'ai remplacé à deux reprises pour éviter de laisser certains de ses clients sans réponse.	X		
10	Depuis un an, nous n'avons plus d'occasions d'échanger des informations sur nos pratiques.	X		

Les faits sont précis, illustrent une situation concrète, ils permettent à l'interlocuteur d'apprécier objectivement la situation décrite.

Les opinions sont des points de vue, a priori, elles ne sont pas étayées par des faits. L'interlocuteur ne peut donc pas se baser sur ces éléments, qui peuvent être fondés ou non.

Les sentiments sont l'expression d'un ressenti. Ils traduisent le vécu. Faits et sentiments ne sont pas contestables : les premiers constituent une « preuve », les seconds nous appartiennent. Seules les opinions sont contestables.

Usez et abusez des faits pour convaincre. Évitez les opinions, surtout si elles sont négatives. N'hésitez pas à faire part de votre ressenti, son expression humanise la relation.

les clés pour...

Gérer les conflits

Les conflits font partie de la vie quotidienne. Pour les résoudre, il est important, au préalable, d'en identifier l'origine, la nature et la cause. Des grilles de lecture, des outils permettent de décoder la situation et de définir une stratégie de résolution de conflit.

Les méconnaissances (vis-à-vis de soi, des autres, de la situation) permettent de situer les niveaux de blocage face à une situation ou à un changement et d'agir avec pertinence.

Vous pouvez déjouer les pièges de la communication dans lesquels vous risquez de tomber ou dans lesquels votre manager peut vous faire tomber.

Cerner la personnalité de son manager, ses points de sensibilité, ouvre des perspectives pour mieux s'adapter à l'autre, se mettre en phase et mieux gérer les situations difficiles.

Chapitre 5

Comment gérer ses émotions et son stress

Les émotions, le stress tiennent une place importante dans le travail. Chaque journée est riche en événements qui peuvent être agréables (la joie d'avoir décroché un contrat avec un nouveau client) ou moins agréables (votre manager vous demande de remanier le dossier remis, ce qui représente un travail conséquent). Le stress est devenu un phénomène de société : nous sommes toujours sous pression, nos délais de réalisation se raccourcissent, notre charge de travail est considérable, nous devons nous adapter en permanence à des changements. Comment éviter de se laisser submerger par ses émotions ? Comment mieux gérer son stress ? Ce chapitre vous apporte des techniques, des outils pour mieux vivre au quotidien.

Les émotions[1]

LE FONCTIONNEMENT DES ÉMOTIONS

Historique

Deux grandes théories ont dominé la psychologie du XXe siècle : celle de Darwin et celle de Freud. Leur intégration mène à une perspective entièrement nouvelle sur l'équilibre des émotions. À la fin du XXe siècle, Antonio Damasio, grand médecin et chercheur américain d'origine portugaise, fournit une explication neurologique intéressante et montre en quoi les émotions sont indispensables à la raison.

Pour Darwin, l'évolution d'une espèce progresse par l'addition graduelle de nouvelles structures et fonctions. Chaque organisme possède donc les caractéristiques physiques de ses ancêtres, plus d'autres. On retrouve donc cette évolution successive par couches dans l'anatomie et la physiologie du cerveau humain, dont les structures profondes sont identiques à celles des singes, et dont certaines, les plus profondes, sont même identiques à celles des reptiles. À l'opposé, les structures d'évolution plus récentes, comme le cortex préfrontal, n'existent à ce niveau de développement que chez l'homme. Schématiquement, ces structures successives sont nommées le cerveau reptilien pour la partie la plus archaïque, le cerveau limbique, siège des émotions et du langage, la partie la plus récente étant le cortex.

Freud a souligné et défini l'existence d'une partie de la vie psychique, qu'il a appelée l'inconscient : ce qui échappe à la fois à l'attention consciente et à la raison.

Pour Damasio, la vie psychique est le résultat d'un effort permanent de symbiose entre deux cerveaux. D'un côté, un **cerveau émotionnel**, inconscient, préoccupé d'abord par la survie et avant tout connecté au

---

1. Cet article fait référence au livre de David Servan-Schreiber, *Guérir*, Robert Laffont, 2003.

corps, de l'autre un **cerveau cognitif,** conscient, rationnel et tourné vers le monde extérieur. Ils sont relativement indépendants l'un de l'autre et contribuent chacun de façon très différente à notre expérience de la vie et à notre comportement. Le cerveau limbique correspond aux couches profondes du cerveau humain. Un peu comme un poste de commande, il reçoit des informations de différentes parties du corps et y répond de façon appropriée en contrôlant l'équilibre physiologique : respiration, rythme cardiaque, tension artérielle, appétit, sommeil, libido, sécrétion des hormones, et même le fonctionnement du système immunitaire.

Nos deux cerveaux, cognitif et émotionnel, peuvent coopérer ou entrer en compétition pour le contrôle de la pensée, des émotions et du comportement.

Lorsqu'ils se complètent, l'un pour donner une direction à ce que nous voulons vivre et l'autre pour nous faire avancer le plus intelligemment possible, nous ressentons de l'harmonie.

Lorsque nos émotions sont trop à vif, notre cerveau émotionnel commence à dominer notre fonctionnement mental. Nous perdons alors le contrôle de nos pensées et devenons incapables d'agir en fonction de notre intérêt.

L'émotion va plus vite que la pensée

Le processus de manifestation de l'émotion se déroule en trois étapes.

Imaginez que vous voyez de la fumée s'échapper de votre maison...

L'information est acheminée au cortex visuel par le thalamus puis par un circuit très court et très rapide, le thalamus envoie directement l'information vers le cerveau émotionnel. Celui-ci évalue très rapidement l'information visuelle et déclenche instantanément une émotion de peur et un comportement d'adaptation, la fuite.

Ce n'est que dans un deuxième temps que le cortex visuel analyse en détail les informations visuelles qui lui arrivent. C'est donc là que le cerveau reconnaît qu'il s'agit ou pas d'un incendie.

Dans un troisième temps, les informations visuelles sont acheminées vers le cerveau rationnel, qui évalue la situation et décide de la meilleure stratégie à adopter.

On estime qu'il faut environ douze millièmes de seconde pour réagir de façon émotionnelle, alors qu'il faut au moins deux fois plus de temps pour évaluer la situation d'un point de vue rationnel.

LES QUATRE ÉMOTIONS FONDAMENTALES

Des chercheurs ont pu établir le lien qui existe entre les émotions, leur déclencheur et les comportements qui en résultent. La plupart identifient quatre émotions fondamentales : la peur, la colère, la tristesse, la joie. Ils constatent que chacune de ces émotions a ses particularités et se retrouve dans toutes les cultures, quelles que soient les origines, la langue, la religion ou les coutumes.

LES PARTICULARITÉS DES ÉMOTIONS FONDAMENTALES

Déclencheur	Émotion	Comportement d'adaptation
Danger, menace	Peur	Fuite
Obstacle	Colère	Attaque
Perte	Tristesse	Repli sur soi
Désir	Joie	Approche

Vues sous l'angle purement biologique, ces quatre émotions primaires sont importantes et sont programmées pour participer à notre survie individuelle et collective.

Les émotions fondamentales dites primaires sont comme une matière première, à partir de laquelle on peut fabriquer toutes les autres émotions. Un peu comme un peintre avec sa palette des trois couleurs primaires (le bleu, le rouge et le jaune) fabrique et invente toutes les couleurs de sa palette personnelle.

C'est par l'apprentissage que l'on acquiert toutes sortes d'émotions liées à une foule de situations et de circonstances. C'est ainsi que plusieurs personnes dans un même contexte ne vont pas associer la même émotion et donc adopter un comportement d'adaptation différent, qui sera, ou pas, approprié au déclencheur. Si j'ai appris et associé qu'au déclencheur « Perte » il fallait se battre pour oublier sa peine et sa tristesse parce que pleurer était un signe de faiblesse, je vais poursuivre et rejouer tout au long de ma vie cette conclusion.

Les émotions sociales, comme la culpabilité, la honte, la jalousie, la timidité, l'humiliation sont influencées par l'éducation et la culture.

COMMENT AGIR SUR SES ÉMOTIONS ?

S'appuyer sur ses émotions positives

Vous avez certainement en tête des souvenirs, des expériences où, malgré vos compétences et votre parfaite analyse de la situation, vous avez perdu vos moyens, échoué à un examen, préjugé une affaire ou une situation. Peut-être même ses souvenirs vous polluent-ils, étant souvent présents à votre esprit.

Évoquer des souvenirs, des expériences où votre intuition et votre capacité à gérer les situations vous ont aidé à décider, à vous remotiver ou bien à communiquer, peut vous aider à prendre les bonnes décisions, à avoir confiance en vous. La référence à des expériences et des émotions positives constitue ainsi une ressource précieuse.

Pratiquer la spirale

Au moment où l'émotion survient, nous pouvons agir par étapes successives.

- Accueillir la réaction : c'est l'examen de ses idées, de ses croyances concernant l'événement. Nous avons le **choix** de ressentir ou non, de refouler ou non l'émotion, de l'identifier ou non, de l'accepter ou non. À ce stade, il est important de mettre des mots sur le ressenti (Quelque chose bout en moi, mais quoi ? Qu'est-ce qui me manque, me freine, me gêne ?). Cela permet de nommer la sensation, de faire baisser l'intensité relationnelle.

- Mettre en place un nouveau comportement. Nous décidons de modifier nos références, nos réactions. Nous choisissons donc une façon de réagir qui ne sera pas nécessairement celle qui s'impose à nous spontanément, par réflexe et favorisons ainsi l'ancrage de nouveaux comportements. C'est aussi tout notre caractère humain qui s'exprime, en se donnant le pouvoir de changer.

- À la répétition de la situation, la réponse émotionnelle sera modifiée : en nature (être dans la lutte de façon constructive plus que défensive) ; en intensité (calmer l'orage au fond de soi pour poser des actions efficaces).

Une situation d'énervement

Marc ressent une bouffée d'agacement face aux demandes intempestives et multiples de son manager Nicolas. Il ressent de l'énervement lié à l'accumulation de demandes auxquelles il doit répondre : il a un besoin de reconnaissance de son rôle, qu'il n'estime pas respecté par ces attitudes.

Comment calmer l'énervement

– Prendre conscience de ses sensations physiques, prendre acte de ce qui arrive, « J'ai raison de ne pas trouver son attitude normale, mais pas de m'énerver. La colère n'est pas la réaction la plus adaptée pour réagir. »

– Passer à l'action pour obtenir ce que l'on veut, obtenir des résultats visibles.

– Dire à soi ou à l'autre que ce qu'il dit ou fait ne nous convient pas, « on purge ».

Le repli sur soi. Que faire ?

– Prendre conscience de ce que l'on ressent.

– Comprendre ce qui arrive : ma réaction est le fruit d'une situation logique.

– Mettre en perspective ses réactions : mettre du sens, comprendre, et retrouver la direction du projet.

– Agir.

Ces exemples nous montrent comment pratiquer la spirale pour sortir de réactions émotionnelles ancrées qui enferment.

• Accueillir l'émotion (la reconnaître en soi).

• Prendre du recul, de la distance : la digérer (en la nommant).

- Agir différemment de la façon dont nous l'aurions fait avec la première impulsion ressentie. Ainsi, nous pouvons nous représenter une image qui incarne l'esprit d'une émotion que nous souhaitons mobiliser en situation d'inconfort. Par exemple :

  – un animal (un éléphant, calme et puissant face à son interlocuteur, un chat, souple et observateur…) ;

  – une œuvre d'art (une Joconde souriante et énigmatique qui possède en soi des ressources cachées) ;

  – un personnage de l'histoire ou croisé dans notre vie, qui symbolise une posture émotionnelle positive…

Cette technique vous aidera à trouver la bonne posture pour gérer la situation.

> Les émotions non gérées conduisent à des comportements inadaptés !

EXPRIMER SES ÉMOTIONS ET SENSIBILISER L'AUTRE : L'OUTIL CPP

> Ce n'est pas parce que l'on n'exprime pas ses émotions qu'elles ne se manifestent pas !

Mieux vaut donc exprimer ses émotions. Cela donne des informations précieuses pour comprendre et analyser une situation, et est souvent plus opérationnel que ne le sont les idées générales. Un climat de confiance s'instaure ainsi avec son interlocuteur.

Mais rappelez-vous : il ne faut pas confondre « exprimer une opinion » et « exprimer une émotion, un ressenti ». Expression d'une opinion : « Vous êtes énervant ». Expression d'une émotion : « En ce moment, je suis énervé par ce que vous dites ». L'effet produit sur l'interlocuteur ne sera pas le même !

Il vous est sans doute arrivé d'avoir des difficultés à vous faire comprendre de votre manager, à obtenir qu'il se mette à votre place. Quelquefois les managers sont irrités par les manières de faire de leurs collaborateurs. En voici quelques-unes : le « sur-détail », qui consiste à inonder d'informations ; le blâme, les lamentations (« jouer » Calimero, l'éternelle victime) ; le « y a qu'à, faut qu'on », qui dicte des solutions sans moyens et sans s'impliquer ; le « mauvais moment », qui commence à discuter avec lui sans vérifier sa disponibilité.

Peut-être n'avait-il pas les mêmes points de vue, les mêmes enjeux à préserver, les mêmes résultats à atteindre… Dans ce cadre, il est difficile de faire passer le message.

L'outil CPP vous aidera à mieux faire passer vos idées, à exprimer votre ressenti et à convaincre votre interlocuteur.

Les trois étapes du CPP

1re étape : C pour constat

Cette étape consiste à apporter des éléments précis, factuels à votre manager pour qu'il partage les mêmes informations que vous. Cela signifie se situer sur le registre des faits et non des opinions : donner des éléments précis, un nombre de fois, un coût, un ratio.

2e étape : P pour ce que j'en pense

Au cours de cette étape, vous allez exprimer votre sentiment sur cette situation en termes de ressenti : « voilà ce que je ressens », « voilà ce qui se passe pour moi ».

Attention à ne pas tomber dans les généralisations, dans le jugement de valeur ou la culpabilisation. Dites « je » et non « tu », votre ressenti vous appartient.

Les deux premières étapes vont permettre à votre manager de comprendre votre position, votre sentiment et de se mettre à votre place.

3e étape : P pour propositions

Vous allez maintenant pouvoir lui exprimer votre besoin et lui faire des propositions dans un état d'esprit positif. Annoncez clairement votre objectif et jouez clairement cartes sur table. Argumentez en fonction de vos intérêts mais pensez aux siens. Reconnaissez les contraintes de votre manager et tenez-en compte, pour vous affirmer en respectant son autorité. Vous êtes légitime en adoptant cette démarche.

Pour être convaincant, mettez en avant les bénéfices et avantages de votre proposition. Cherchez l'accord en rappelant l'intérêt commun qui vous lie, celui de l'entreprise et celui du service.

Depuis plusieurs semaines, vous ressentez une irritation. En effet, vous avez travaillé sur un projet et vous avez l'impression, au moment où la partie opérationnelle va se mettre en place, d'être moins sollicité par votre manager ; d'autres collaborateurs semblent, au contraire, associés car ils vont participer à une formation qui concerne la phase opérationnelle... mais pas vous.

Vous pouvez choisir de réagir de différentes façons :

- ne rien dire, ruminer… jusqu'au moment où vous laisserez exploser votre colère ;

- vous désengager des événements et ne faire que le strict minimum attendu ;

- saboter le travail des collègues, lancer des rumeurs.

Ou alors clarifier la situation en pratiquant le CPP.

- **Posez le constat :** prenez un rendez-vous avec votre manager ; exposez-lui la chronologie des événements ; dialoguez et validez avec lui ces éléments ; peut-être découvrirez-vous que vous ne disposiez pas de toutes les informations utiles, peut-être va-t-il apporter des précisions qu'il imaginait connues de votre part. C'est l'occasion d'éliminer tous les quiproquos.

- **Exposez votre analyse de la situation et aussi ce que vous ressentez.** Exprimez vos émotions, votre ressenti.

- **Recherchez et proposez une solution,** faites part de votre besoin. « Ce projet est important et motivant pour moi, je me sens très impliqué », « En suivant la formation, voilà ce que je peux apporter… » Cela ne garantit pas votre intégration au projet de la manière que vous souhaitiez, mais vous aurez au moins assaini la situation et évité des malentendus.

Utiliser l'outil CPP permet d'aborder les sujets sensibles de façon efficace : la forme de votre communication est professionnelle, aussi l'interlocuteur ne peut qu'écouter le fond.

Le stress

DÉFINITIONS

On parle d'« **eustress** » (du préfixe grec « *eu* », voulant dire « bon ») pour un stress positif, d'un niveau et d'une durée raisonnables, accompagné d'émotions positives comme le plaisir, la satisfaction et l'excitation.

On parle de « **dystress** » (du préfixe grec « *dys* », voulant dire « mauvais ») pour un stress négatif, issu d'une situation de sous ou de surstimulation pendant une trop longue période. Cela provoque des sentiments déplaisants, puis de la fatigue et des troubles physiques pouvant entraîner des maladies, voire la mort.

Il existe dans le langage courant, une confusion entre stress, anxiété, angoisse et dépression. Reprenons ces termes.

Le stress

Il se produit chaque fois qu'un individu doit faire un effort pour s'adapter à son environnement ou à des changements, ce qui produit des manifestations physiques ou psychiques.

L'anxiété

L'anxiété correspond à l'attente psychologique et à l'appréhension d'un événement heureux ou malheureux, d'une situation difficile ou dangereuse, le plus souvent fictive, méconnue et amplifiée par la personne.

L'angoisse

L'angoisse est une forme particulière d'anxiété, accompagnée de malaises psychiques et de douleurs physiques (palpitations, constrictions épigastriques ou pharyngées, douleurs thoraciques). Elle est liée au sentiment de l'imminence d'un grave danger menaçant la personne.

La dépression

Elle correspond à un ralentissement psychomoteur, à une perte du goût de la vie et à une tristesse. Cet abattement profond peut conduire au suicide.

à propos du stress des femmes

Tous les spécialistes le disent : les femmes sont trois fois plus stressées[1], consomment deux fois plus de psychotropes, sont plus soumises à l'angoisse que les hommes. Pourquoi cela ? Voici quelques réponses tirées du livre d'Élisabeth Couzon et Françoise Dorn[2].

Les nombreux facteurs de stress des femmes

La double journée : les femmes cumulent la responsabilité de l'organisation de la vie de famille et celle de leur activité professionnelle. Et si en plus il y a pression ou difficulté dans les deux domaines, ce cumul produit un renforcement du stress pour 50 % d'entre elles.

Leur physiologie est plus complexe, elles ont à vivre de nombreux processus de changement, sources de stress : les cycles menstruels à partir de la puberté, la maternité, la ménopause.

Les femmes sont plus émotives. **Les émotions** viennent alors perturber le fonctionnement de l'hypophyse et du système endocrinien.

Le stress de l'image : les femmes sont dans un engrenage où il faut plaire à tout prix pour être choisie, dans la vie comme au travail. C'est un défi dans la vie professionnelle et personnelle, la tension est permanente et s'accentue dans une société qui porte aux nues le jeunisme et la beauté.

Le stress du **multitâche :** leur structure mentale les différencie des hommes. Alors que l'homme est séquentiel, la femme, bénéficiant de plus de connexions entre les deux hémisphères de son cerveau, accomplit plusieurs tâches en même temps. Elle n'attend pas d'avoir terminé une chose pour en commencer une autre. Alors que chez les hommes, ces activités sont compartimentées, un temps pour chaque chose, chez la femme, elles ont tendance à se superposer.

---

1. Enquête de l'Institut français de l'anxiété et du stress, 2004.
2. Élisabeth Couzon, Françoise Dorn, *Petit manuel du bonheur au féminin*, InterEditions, 2006.

Privilégier l'autre au détriment de soi est un facteur de stress supplémentaire. Les femmes ont de grandes capacités d'empathie, elles cherchent souvent à faire plaisir aux autres, à répondre à leurs besoins. Elles sont tournées vers leur entourage, favorisant l'autre à leur détriment.

Avec l'augmentation du nombre de divorces, elles sont plus nombreuses à être **chef de famille d'une structure monoparentale.** Elles assument alors gestion familiale et les responsabilités qui en découlent.

Mais le stress n'est pas inéluctable. C'est aussi dans la lucidité et la prise de conscience des spécificités individuelles, culturelles ou sociales que se trouvent les clés de la gestion du stress et du bonheur au féminin, comme au masculin.

quelques idées sur le stress[1]

Le stress n'est pas que l'« agresseur », mais aussi et avant tout la réponse que donnera le sujet. Il y a deux responsables dans une situation de stress : celui qui la provoque et celui qui y fait face.

Le stress n'est pas que « agression » mais « demande », au sens large et fort du mot. Une demande en mariage, comme une promotion au travail, comme le fait de passer tous les matins de la position couchée du sommeil au lever sont pour Hans Selye[2] de vraies situations de stress. L'intensité des phénomènes liés au stress dépendra de la force ou de l'imprévisibilité, ou de la répétition avec laquelle les choses se déroulent. Les hormones sont le support biologique des réactions de stress.

– L'émotion colore la situation de stress et en détermine le vécu favorable ou non.

---

1. D'après le Dr Dominique Hoareau, *Apprivoisez votre stress*, Éditions d'Organisation, 2001.
2. Hans Selye est à l'origine du concept de stress.

MIEUX COMPRENDRE LE STRESS : L'APPROCHE PSYCHOLOGIQUE

Trois aspects sont à prendre en compte.

Les distorsions cognitives

La réalité ou tout événement extérieur n'est que le déclencheur initial du stress. Ce dernier trouve son origine dans une mauvaise évaluation de la réalité. C'est donc bien nous-mêmes qui engendrons cet état.

On parle de distorsion cognitive chaque fois que nous voyons ou que nous croyons voir ce qui est la réalité et la représentation de la réalité. Par exemple, le lundi matin, je vois une pile de dossiers sur mon bureau et je me dis « Je ne vais pas m'en sortir, je vais quitter tard ce soir », alors que c'est ma charge de travail de 3 jours environ.

Les pensées irrationnelles

La pensée irrationnelle est une pensée, une croyance, un principe issu de notre culture et de notre éducation qui parasite nos comportements et notre vision de la réalité. Ainsi, ces pensées irrationnelles limitent notre pouvoir d'adaptation à l'environnement. Par exemple, « Je dois être parfait, très compétent, ne pas faire d'erreur pour être bien vu. »

Une situation devient source de stress seulement lorsque vous la percevez ainsi. Les pensées dépassent souvent largement la réalité.

Les émotions

Le lien entre la situation et la personne, le transformateur de la situation, c'est l'émotion. Tout comportement d'adaptation génère en nous des ressentis agréables (satisfaction, bonheur, joie) ou des ressentis désagréables (déception, mécontentement, peur, colère). Par exemple, lorsque je m'adapte à mon nouveau poste de travail, je me sens heureux et fier de moi. Lorsque je doute de ma capacité à réussir, j'ai peur d'être incompétent.

SORTIR DU CERCLE VICIEUX DU MÉCANISME DU STRESS

Le stress (réaction aux changements de l'environnement) va se traduire par des émotions, des pensées irrationnelles, une déformation de la réalité ou par des signes physiques. Tous ces éléments interagissent de façon systématique *(figure 5.1)*. La bonne gestion du stress nous conduit à analyser et agir sur ces éléments.

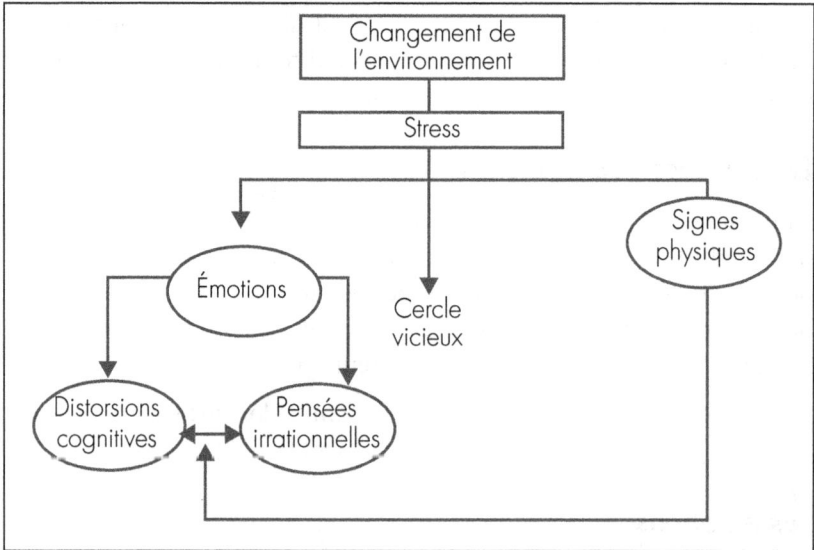

FIGURE 5.1. LE STRESS, UN CERCLE VICIEUX.

118

LES TROIS TYPES DE SIGNAUX RÉVÉLATEURS DE STRESS

Nous pouvons distinguer trois types de signaux : les signes précoces, avancés et les symptômes physiques.

Ces signaux peuvent être une sensation physique ; une forte envie, une aspiration ; une gêne ou un malaise ; une émotion.

EXEMPLES DE SIGNAUX

Signe précoce	Signe avancé	Symptôme physique
Gêne au niveau du dos.	Douleurs au dos.	Dos bloqué.
Fatigue mentale.	Mal aux yeux, sensation de lourdeur dans la tête.	Forte migraine.
Fatigue.	Envie de mets sucrés.	Accès de boulimie pour des aliments sucrés.

En situation de stress, les signes précoces apparaissent en premier. Si la personne n'en tient pas compte, alors les signes avancés se manifestent. Si ces derniers ne sont pas entendus, des symptômes plus lourds et des pathologies peuvent survenir.

les signes et symptômes du stress les plus fréquents

– Vous êtes irritable, les rapports sociaux deviennent plus difficiles.
– Vous êtes grincheux, vous partez au quart de tour.
– Vous évitez les collègues ou les amis.
– Vous vous sentez persécuté par vos collègues immédiats.
– Vous êtes victime de trous de mémoire.
– Votre manager n'a pas beaucoup d'estime pour vous, du moins c'est ce que vous pensez.

– Vous avez des palpitations, des troubles somatiques mineurs qui persistent.

– Vous avez le sommeil perturbé (difficulté d'endormissement, réveils et insomnies au milieu de la nuit, réveil deux heures plus tôt).

– Vous ne vous sentez plus à la hauteur.

– Vous avez soudain des maux de tête.

– Vous digérez mal.

– Vous avez une fatigue prolongée, un sentiment perpétuel de lassitude.

– Vous avez des difficultés à récupérer, vous ne décrochez pas du travail le week-end.

– Vous arrivez en retard.

– Vous vous ennuyez dans votre travail, ce qui entraîne des « bavures », des échéances non respectées.

– Vous réduisez vos activités de loisirs.

– Vous partez dans tous les sens, sans être particulièrement efficace.

– À ce tableau, se greffent des troubles psychosomatiques : irruptions cutanées, démangeaisons, constipation, etc.

Si vous cumulez tous ces symptômes, attention ! Vous allez disjoncter.

COMMENT AGIR

Développer la confiance en soi

- Portez un regard positif sur vos points faibles, donnez-vous le droit à l'erreur.

- Prenez conscience de vos talents et compétences, quand nous nous sentons compétents, nous avons confiance en nous-mêmes.

- Ne soyez pas perfectionniste.

- Appuyez-vous sur des expériences antérieures positives réussies.

- Demandez des feed-back aux personnes expérimentées ou expertes.
- Soyez réaliste dans les objectifs que vous vous fixez, n'hésitez pas à demander aide et conseil à votre manager.
- Communiquez et faites confiance à votre manager et à vos collègues.
- Soyez en accord avec vos valeurs, vos choix de vie.

Gérer le stress avec son manager

- Acceptez l'idée que lui-même peut être stressé, que son énervement n'est pas dirigé contre vous...
- Choisissez le moment opportun pour le rencontrer.
- Communiquez régulièrement, faites des points de suivi.
- Déterminez les priorités, alertez en cas d'urgences ou d'imprévus.
- Faites des bilans des activités : qu'est-ce qui a bien fonctionné, que faudrait-il améliorer ?
- Exprimez votre ressenti, vos points de désaccord.
- Apprenez à dire « non » si la demande est irréaliste.
- Demandez-lui des feed-back, de l'aide ou un conseil : son rôle est de vous aider à réussir.
- Anticipez les situations conflictuelles, et si elles surviennent, abordez les points de désaccord sans attendre que la situation ne s'envenime.
- Lisez ou relisez les chapitres de ce livre !

Tests : votre comportement face aux émotions et au stress

VOS COMPÉTENCES ÉMOTIONNELLES

Pour chacun des énoncés qui suit, encerclez le chiffre, de 1 (presque jamais) à 6 (presque toujours), qui correspond le plus à votre comportement. Ne choisissez pas en fonction de ce que vous aimeriez ou voudriez être, mais bien en fonction de ce que vous êtes vraiment. Soyez spontané et encerclez le chiffre qui vous vient en premier. Dans certains cas, vous devrez essayer d'imaginer comment les autres vous perçoivent.

1. Lorsque quelqu'un éprouve une émotion, j'arrive aisément à le percevoir, même s'il n'en parle pas.	1 2 3 4 5 6
2. J'arrive facilement à nommer l'émotion que j'éprouve.	1 2 3 4 5 6
3. Les personnes me font souvent confiance en exprimant leurs sentiments, leur ressenti sur les situations vécues.	1 2 3 4 5 6
4. Dans la vie de tous les jours, j'arrive facilement à exprimer ce que je ressens.	1 2 3 4 5 6
5. Dans la vie quotidienne, j'arrive facilement à anticiper si quelque chose va contrarier, amuser, faire peur, ou attrister une personne que je connais.	1 2 3 4 5 6
6. Je suis capable d'identifier facilement pourquoi je réagis de cette façon.	1 2 3 4 5 6
7. J'arrive facilement à m'adapter aux émotions des autres.	1 2 3 4 5 6
8. J'arrive bien à faire avec ce que je ressens : je ne suis pas submergé, débordé par mes émotions.	1 2 3 4 5 6
9. Lorsque deux personnes ont un conflit, j'arrive bien à jouer le rôle de médiateur et les aide à trouver une solution qui apaise.	1 2 3 4 5 6

10. Je me fie à mes émotions, car ce que je ressens est fidèle à la réalité.	1 2 3 4 5 6
11. Je peux aisément identifier si une personne que je ne connais pas ressent une émotion comme de la tristesse, de la peur, de la colère grâce à un ensemble de signes.	1 2 3 4 5 6
12. Je suis sensible à toutes les modifications physiologiques qui se manifestent en moi (rythme cardiaque, tension musculaire, respiration...).	1 2 3 4 5 6
13. J'arrive assez facilement à faire dire à quelqu'un ce qui le contrarie, à faire exprimer ce qu'il ressent de cette situation.	1 2 3 4 5 6
14. Quand je suis en situation d'inconfort (contrarié, déçu...), je sais l'exprimer ouvertement.	1 2 3 4 5 6
15. Dans une situation où une personne réagit avec émotion, j'identifie facilement ce qu'elle ressent.	1 2 3 4 5 6
16. Si le comportement d'une personne me gêne, je comprends facilement pourquoi je ressens cette sensation.	1 2 3 4 5 6
17. Quand quelqu'un autour de moi réagit avec une émotion forte, je conserve le contrôle de la situation et je ne suis pas « contaminé » immédiatement.	1 2 3 4 5 6
18. Quand je dois faire face à une situation de forte émotion, je suis capable de bien me préparer pour la gérer au mieux.	1 2 3 4 5 6
19. Lorsque je suis dans un groupe, je sais comment me comporter pour animer et motiver chaque membre.	1 2 3 4 5 6
20. Quand je ressens quelque chose envers une personne ou une situation, je vérifie après coup que j'ai généralement raison et que mon ressenti était approprié.	1 2 3 4 5 6

Dépouillement du test

Pour chacune des compétences émotionnelles, additionnez les valeurs encerclées, pour chaque énoncé la décrivant. Puis calculez le total pour toutes les compétences afin d'obtenir un aperçu de votre aisance à vivre les émotions.

Compétences et domaines		Valeurs entre 1 et 6 pour chaque énoncé	Sous-total domaines	Total compétences
Identification des émotions	Des autres	1 ____ 11 ____		
	De soi	2 ____ 12 ____		
Expression des émotions	Des autres	3 ____ 13 ____		
	De soi	4 ____ 14 ____		
Compréhension des émotions	Des autres	5 ____ 15 ____		
	De soi	6 ____ 16 ____		
Gestion des émotions	Des autres	7 ____ 17 ____		
	De soi	8 ____ 18 ____		
Utilisation des émotions	Avec les autres	9 ____ 19 ____		
	Avec soi	10 ____ 20 ____		

Commentaires

Chaque compétence par domaine est représentée par deux situations : si vous avez près de 12 points, cela signifie que vous l'exploitez pleinement (par exemple, votre capacité à gérer les émotions des autres avec « Gestion des émotions : des autres »). Si vous regroupez les deux domaines « Des autres » et « De soi » de la même compétence, votre score maximum est de 24. Un résultat proche de 20 indique une excellente capacité à mobiliser cette compétence.

À l'opposé, un score proche de 2 pour une compétence indique que vous pouvez travailler cette zone de sensibilité et développer une aptitude, par exemple, à « Utiliser ses émotions : avec soi » si vous avez 2 à la dernière ligne du test. De la même façon si le total de cette compétence « Utilisation des émotions » est proche de 4, vous disposez d'un champ à développer.

Entre ces deux extrêmes, la moyenne se situe autour de 6 pour un domaine de compétence, et 12 pour les deux compétences d'un domaine. Là aussi, vous pouvez conforter ce socle en travaillant votre capacité à identifier et utiliser les émotions.

Bonnes pratiques émotionnelles !

VOS ATTITUDES FACE AU STRESS

Voici dix situations génératrices de stress. Imaginez que vous les viviez, quelles seraient vos attitudes parmi les quatre réponses décrites ? Pour que les résultats de cet autodiagnostic soient pertinents, il convient de choisir ce que vous feriez dans ce cas et non pas ce qu'il faudrait faire.

1. Mon entreprise déménage vers un site moins attrayant.

a. Je vais visiter la nouvelle implantation et me documente sur son environnement : restaurants, commerces, activités sportives et culturelles...

b. J'espère au fond de moi que le déménagement ne se fera pas.

c. Je me désespère en pensant à tout ce que je vais perdre dans ce déménagement.

d. Je décide pour me venger que je ferai mon travail, rien que mon travail, sans m'impliquer.

2. Je dispose d'un bureau depuis plusieurs années, et mon manager m'annonce que je vais travailler dans un bureau de type open space.

a. Je vais me plaindre auprès de tous mes collègues en adoptant une posture de victime.

b. Je me souviens de la phrase : « L'enfer c'est les autres. »

c. Je vais m'acheter un baladeur MP3, qui me permettra de travailler en musique et de ne pas être perturbé par le bruit des autres.

d. Je crie au scandale et reproche à mon manager de ne pas nous défendre.

3. Je suis assailli d'e-mails en permanence.

a. Je ferme mon logiciel de courrier électronique et je choisis de traiter mes e-mails lors de plages de temps prévues par moi à cet effet.

b. Je dis à qui veut l'entendre que nous sommes devenus des esclaves des technologies de l'information.

c. Je supprime tous les e-mails de ma boîte de réception pour m'en débarrasser.

d. Je traite tous les e-mails au fur et à mesure de leur arrivée et je me consacre aux dossiers importants le soir ou pendant le week-end.

4. Un projet sur lequel je m'étais fortement investi tombe à l'eau.

a. Je vais voir mon manager et lui fait part de ma déception : il n'a pas suffisamment défendu le projet.

b. Je suis désemparé et me sens complètement démotivé.

c. Je dis à qui veut l'entendre que ce projet était stratégique et que la direction ne pense qu'aux résultats à court terme.

d. Je suis contrarié, mais je me dis qu'il y aura bien d'autres projets intéressants à l'avenir.

5. *Cela fait deux ans que je m'ennuie au travail.*

a. Je me renseigne sur les dispositifs de formation certifiante ou diplômante qui pourraient m'aider à réorienter ma vie professionnelle.

b. Je me dis que je suis bien heureux d'avoir un travail en cette période de chômage.

c. Je me consacre essentiellement à des activités sportives et culturelles en dehors de mon travail.

d. Je me sens sous-employé et je n'ai plus goût à rien, y compris dans ma sphère privée.

6. *Mon équipe est dissoute, et je dois quitter les collègues avec qui je m'entendais bien.*

a. Je propose d'organiser un pot de départ et d'échanger nos nouvelles coordonnées.

b. Je trouve cela injuste et j'ai envie de démissionner illico.

c. Cela me conforte dans l'idée que l'entreprise casse les solidarités collectives au bénéfice d'un individualisme forcené.

d. Je n'arrive plus à m'investir dans mon travail.

7. *Un plan social est annoncé.*

a. Je réactive mon réseau de relations pouvant m'aider à retrouver n'importe quel travail rapidement.

b. Je reste terré dans mon coin en espérant ne pas me faire remarquer.

c. J'envoie des données confidentielles sur le Net.

d. Je vérifie si je suis concerné et je demande un bilan de compétences pour actualiser mon projet professionnel.

8. Je m'attendais à une promotion, un collègue me passe devant.

a. Cela me confirme que la vie professionnelle se résume à la loi de la jungle.

b. Je vais le féliciter, alors qu'au fond de moi je ressens de la haine à son égard.

c. Je sais que d'autres occasions se présenteront.

d. Je le traite de sale opportuniste.

9. J'ai l'impression d'être harcelé par mon supérieur hiérarchique.

a. Je crie au scandale.

b. Je dépose une plainte, toutes affaires cessantes.

c. Je me dis que c'est toujours à moi que cela arrive.

d. Je vais voir mon supérieur et lui dis : « Vous me faites de nombreux reproches, quels sont les conseils que vous me donneriez pour progresser ? »

10. Je travaille exceptionnellement, un dimanche chez moi, sur un dossier ultraprioritaire. Mes enfants ou mon(ma) conjoint(e) insistent pour que je m'occupe d'eux.

a. Je leur rappelle que cette activité un dimanche est exceptionnelle et que je comprends que cela leur déplaise.

b. Je sens la colère m'assaillir et je leur dis en criant : « Fichez-moi la paix ! »

c. Je soupire et leur annonce que je peux perdre mon emploi si je ne fais pas ce dossier.

d. Je leur cède contre mon gré, je fais comme si j'étais disponible et je m'inquiète pour le dossier.

Dépouillement du test

Entourez la réponse choisie pour chaque situation. Faites le total par catégorie.

Situation	miné	speed	délirant	démineur
1	c	d	b	a
2	b	d	a	c
3	d	b	c	a
4	b	a	c	d
5	d	c	b	a
6	d	b	c	a
7	b	a	c	d
8	b	d	a	c
9	c	a	b	d
10	d	b	c	a

Résultats

Le miné

Ne sachant que faire et vous sentant désemparé, vous vous réfugiez dans votre terrier. Vous avalez de nombreuses couleuvres en vous minant de l'intérieur. Vous refoulez vos émotions, subissez les événements, exprimant parfois une plainte à peine audible. Vous avez l'impression de vous *flétrir. Lorsque la coupe est pleine, tel le retour du refoulé, vous avez envie de tout casser.*

Le speed

Tel le chien de Pavlov, vous répondez au stress avec des réflexes conditionnés. Vos réactions sont improvisées, chaotiques et désordonnées. Vous partez au combat sans stratégie ni tactique. Votre colère s'exprime violemment dans les propos, parfois dans les actes. Vous pouvez prendre des décisions abruptes que vous regrettez ensuite.

Le délirant

Vous répondez au stress par un petit grain de folie. Cynique, désabusé, vous pratiquez envers vous-même et les autres un humour grinçant. Les situations stressantes sont pour vous le résultat de machinations ou l'œuvre d'un destin funeste. Fantasque, déniant la réalité, vous vous échappez au mieux dans des activités artistiques ou sportives, au pire dans des conduites addictives.

Le démineur

Selon vous, le stress est une réponse du corps et de l'esprit aux changements et turbulences de la vie. Cette lucidité vous permet de rebondir face aux difficultés. Vous orientez vos pensées et actions vers des solutions possibles. Vous savez exprimer vos émotions et adoptez une posture d'adaptation permanente et de négociateur.

les clés pour...

Gérer ses émotions et son stress

Les émotions sont l'expression de notre ressenti, nous ne pouvons pas les masquer.

Notre cerveau émotionnel peut éclairer notre vie, nous aider à prendre de bonnes décisions, à bien gérer nos priorités, qu'elles soient professionnelles ou personnelles.

Une appréciation dramatisée de la réalité, des pensées ou des croyances irrationnelles déclenchent du stress. Nous devenons ainsi notre propre « stresseur ».

Notre corps nous envoie des signaux, en cas de stress négatif ; à nous d'y prêter attention.

Le stress lié à la nouveauté, au défi peut, bien vécu, être stimulant et motivant, donner envie d'aller de l'avant.

Conclusion

« Les temps changent », comme disait Bob Dylan, il y a quarante ans déjà.

Le manager enfermé dans une perception de son rôle axée essentiellement sur le contrôle ou l'autorité appartient au passé.

Aujourd'hui, il doit gérer l'incertitude et de nombreux paradoxes. Dans un monde en changement permanent, il doit faire avec les turbulences, garder le cap, s'adapter aux mutations.

Ses rôles sont multiples : gestionnaire, planificateur, stratège, soutien. Mais au-delà, il doit favoriser la réussite individuelle et collective. Sa réussite est celle son équipe.

Vous disposez à présent de clés opérationnelles :

- pour bien fonctionner avec votre manager, prendre en compte ses limites et contraintes ;
- pour mettre en place une communication efficace, nécessaire au développement de la confiance ;
- pour mieux vous connaître et mieux comprendre le fonctionnement de l'autre ;
- pour gérer les conflits et les situations délicates ;
- pour mieux comprendre son style de personnalité.

Souvenez-vous que l'ouverture, l'empathie, la prise de recul, la flexibilité et la volonté d'aller de l'avant sont les ingrédients indispensables à votre bien-être et à votre réussite professionnelle.

Annexes

Dix idées pour mieux faire passer les vôtres

- Ayez toujours sous la main un document écrit, un dessin, une illustration, une description précise de votre idée. Cela vous donnera une assurance supplémentaire. De plus, vous aurez une documentation à présenter au cas où votre argumentation ne suffirait pas.

- Choisissez le moment opportun pour présenter votre idée : ce choix est aussi important que la qualité de l'idée.

- Rappelez-vous que vos priorités sont rarement celles des autres. Votre idée est probablement au sommet de votre liste. Pourquoi serait-elle naturellement prioritaire pour votre interlocuteur ?

- Une idée neuve doit faire son chemin dans l'esprit de votre interlocuteur. Même si pour vous elle est devenue évidente, elle est pour lui une proposition insolite qu'il doit s'approprier. Soyez patient.

- Adressez-vous aux quatre parties du cerveau de votre interlocuteur : le cerveau analytique a besoin de faits, de chiffres, de concepts ; le cerveau organisateur a besoin de plans, d'étapes, de mesures de progrès ; le cerveau communicateur a besoin d'humanité, de convivialité. Enfin, n'oubliez pas le cerveau créatif, qui se nourrit d'enthousiasme, de nouveautés et de perspectives d'avenir.

- Ayez toujours une botte secrète. Lors de votre présentation, ne mettez pas immédiatement tous vos atouts dans la balance.

- Une bonne préparation, l'aspect logique et rationnel du projet, son aspect innovant et votre enthousiasme ne forment pas à eux seuls l'équation du succès. Un plan d'action et un bon suivi sont les autres ingrédients de la réussite.

- N'oubliez pas que plus votre idée est originale, nouvelle, plus vous risquez de rencontrer de la résistance. Créer, c'est aussi se frotter au réel.

- Ne négligez jamais le facteur 3S : sécurité, sécurité, sécurité. Pour votre interlocuteur, votre idée représente quelques risques, réels ou virtuels. Rassurez-le avec intelligence et précision.

- La chance sourit aux audacieux. Osez des stratégies de présentations originales et étonnantes. Une idée nouvelle mérite aussi un nouvel « emballage ».

Guide pour préparer votre entretien d'appréciation

Habituellement, l'entretien se déroule en deux phases. En début d'entretien intervient le bilan de l'année écoulée ; le collaborateur est invité à s'auto-évaluer, le responsable donne ensuite son appréciation.

La seconde partie de l'entretien est consacrée à la détermination des objectifs et projets relatifs à l'année suivante. C'est également à ce moment que sont abordés les besoins en formation.

Préparation du bilan de l'année écoulée

Vous devez préparer soigneusement cet entretien, sinon, vous risquez d'être approximatif, d'adopter un discours vague, de ne pas être en mesure d'apporter des arguments crédibles en cas de désaccord.

N'oubliez pas de relire les objectifs de la période écoulée et le compte rendu du précédent entretien d'évaluation.

Identifiez les objectifs atteints, non atteints, en cours de réalisation. Précisez pourquoi et comment ces objectifs ont été atteints, partiellement atteints ou non atteints. Ce sont les résultats qui sont évalués, non la personne. L'évaluation porte donc sur la mesure des écarts par rapport aux objectifs définis.

Précisez également quelles ont été vos contributions principales au cours de l'année écoulée. Établissez une liste de faits significatifs qui illustrent et explicitent vos contributions. Soyez précis, factuel.

Peut-être avez-vous participé à de nouveaux projets, non prévus dans vos objectifs, dans ce cas, mentionnez-les.

Notez les réalisations dont vous êtes satisfait et les raisons de votre satisfaction.

Selon le contexte, vous pouvez spécifier de quelle manière vous avez contribué à la réussite de l'équipe : aide des collègues en cas de surcharge, élaboration de supports facilitant votre remplacement en cas d'absence, intégration de nouvelles personnes… De même, qu'avez-vous apporté comme contribution aux missions du service, voire de votre entreprise ?

Anticipez l'inventaire des suggestions, demandes que le manager formulera au cours de l'entretien. Réfléchissez aux objectifs possibles que votre responsable envisagera à partir du bilan. Vous pouvez, vous aussi, faire des propositions.

Clarifiez vos attentes vis-à-vis de votre manager.

Notez les points précis que vous souhaitez aborder lors de votre entretien.

Lors de l'entretien, pendant la phase bilan

Profitez de ce temps d'échange pour évoquer les difficultés rencontrées au cours de l'année écoulée. Elles peuvent être liées :

* aux relations avec la hiérarchie (manque de disponibilité par exemple) ou avec les autres services/directions de l'entreprise (méconnaissance des activités et enjeux) ;

* à l'organisation mise en place ;

* à un manque d'information ;

* à un manque de moyens humains ou matériels, etc.

Précisez la manière dont vous les avez résolues et quelles difficultés subsistent. Proposez des suggestions destinées à aplanir ces dernières, en spécifiant votre besoin d'aide. Vos connaissances, savoir-faire actuels ne sont peut-être pas suffisants pour assurer efficacement certaines activités.

Prospective

C'est le deuxième temps fort de l'entretien. Vous devez vous poser la question « Sur quoi et comment puis-je enrichir, élargir ma fonction actuelle ? » Il n'est pas certain que votre manager ait des idées précises à ce sujet.

Voici quelques éléments qui pourront alimenter votre réflexion.

* Recensez vos talents

  – en œuvre dans la fonction actuelle ;

  – résultant de votre expérience professionnelle ;

  – ou développés hors contexte professionnel.

* Clarifiez vos sources de motivation : qu'est-ce qui vous plaît le plus dans votre fonction actuelle ?

- Identifiez vos points faibles, ceux sur lesquels vous devez progresser et recensez les connaissances et compétences supplémentaires qui vous aideraient à renforcer votre efficacité et à préparer votre évolution professionnelle.

- Faites une recherche sur les formations utiles au développement de vos compétences actuelles ou souhaitées afin de les proposer dans le cadre de votre entretien : résultats visés, contenu, durée...

Liste de verbes d'action : aide à la rédaction de faits significatifs

Nous avons souvent tendance à utiliser des termes banalisés, par exemple faire, avoir. De ce fait, nous sommes imprécis, ce qui peut engendrer malentendus et confusion. Voici une liste de verbes spécifiques ; elle vous aidera, si besoin est, à décrire vos actions et réalisations et à déterminer de nouveaux objectifs.

Acheter	Conseiller	Exécuter	Mener	Recueillir
Administrer	Contrôler	Expliquer	Mesurer	Régler
Ajuster	Coordonner	Exploiter	Négocier	Résumer
Améliorer	Créer	Former	Organiser	Réunir
Aménager	Déterminer	Fournir	Orienter	Sélectionner
Animer	Développer	Gérer	Piloter	Superviser
Appliquer	Élaborer	Identifier	Planifier	Surveiller
Calculer	Enquêter	Imaginer	Promouvoir	Transmettre
Communiquer	Estimer	Informer	Rassembler	Valider
Comparer	Établir	Interpréter	Réaliser	Vérifier
Concevoir	Évaluer	Inventer	Rechercher	Etc.
Conduire	Examiner	Maintenir	Recommander	

Bibliographie

BALTA (François), MULLER (Jean-Louis), *La systémique avec des mots de tous les jours,* ESF, 2004.

BELLIER (Sandra), *Modes et légendes au pays du management,* Éditions Entreprendre, 1997.

BRILMAN (Jean), HÉRARD (Jacques), *Les meilleures pratiques du management,* Éditions d'Organisation, 2006.

CATRY (Claudine), MULLER (Jean-Louis), *Exercez votre autorité avec diplomatie,* Éditions ESF, 2000.

COLLIGNON (Gérard), *Comment leur dire... La Process Communication,* InterEditions, 2005.

COUZON (Élisabeth), DORN (Françoise), *Petit manuel du bonheur au féminin,* InterEditions, 2006.

COUZON (Élisabeth), DORN (Françoise), *Soyez un stressé heureux,* ESF Éditeur, 2004.

COUZON (Élisabeth), NICOULAUD-MICHAUX (Agnès), *S'estimer pour réussir,* ESF Éditeur, 2004.

COVEY (Stephen R.), *Les sept habitudes de ceux qui réalisent tout ce qu'ils entreprennent,* First Éditions, 2005.

COVEY (Stephen R.), *Priorité aux priorités,* First Éditions, 1995.

Duluc (Alain), Muller (Jean-Louis), Pina (Antoine), Vendeuvre (Frédéric), *La PNL avec les mots de tous les jours,* ESF Éditeur, 2002.

Hoareau (Dominique), *Apprivoisez votre stress,* Éditions d'Organisation, 2001.

Kerlan (Françoise), *Guide de la gestion prévisionnelle des emplois et des compétences,* Éditions d'Organisation, 2e édition, 2004.

Lainé (Catherine), Roy (Etienne), *Du bon usage des émotions au travail,* ESF Éditeur, 2004.

Lelord (François), André (Christophe), *Comment gérer les personnalités difficiles,* Odile Jacob, 1996.

Muller (Jean-Louis) sous la dir. de, *Guide du management et du leadership,* Éditions Retz, 2007.

Pio Esnault (Nathalie), Carré (Olivier), Muller (Jean-Louis), *Motiver aujourd'hui, c'est possible !,* ESF Éditeur, 2008.

Selles (Monique), Testa (Jean-Pierre), *Animer, diriger une équipe,* ESF Éditeur, 2006.

Servan-Schreiber (David), *Guérir,* Robert Laffont, 2003.